上海市马克思主义理论学科重点建设项目
"红色精神引领上海高校思想政治教育研究——基于大学生全面发展的视角"
（项目编号：ZX2019—YJ08）

新时代红色精神引领大学生思想政治教育研究

薛念文 等／著

科学出版社
北京

内 容 简 介

中国特色社会主义进入了新时代，高校思想政治教育面临着新的挑战，弘扬红色精神有助于丰富高校思想政治教育的内容，有助于促进高校思想政治教育路径的创新，有助于提升高校思想政治教育的效果。加强红色精神教育，使当代大学生树立远大理想和坚定崇高信念，对培养中国特色社会主义一代新人具有重要意义。

本书适合高等学校学生及对红色精神、大学生思想政治教育感兴趣的社会各界人士阅读。

图书在版编目（CIP）数据

新时代红色精神引领大学生思想政治教育研究/薛念文等著. —北京：科学出版社，2020.5

ISBN 978-7-03-064789-4

Ⅰ.①新⋯ Ⅱ.①薛⋯ Ⅲ.①大学生-思想政治教育-研究-中国 Ⅳ.①G641

中国版本图书馆 CIP 数据核字（2020）第 057803 号

责任编辑：刘英红／责任校对：贾娜娜
责任印制：赵 博／封面设计：黄华斌

科学出版社 出版
北京东黄城根北街 16 号
邮政编码：100717
http://www.sciencep.com

固安县铭成印刷有限公司印刷
科学出版社发行 各地新华书店经销

*

2020 年 5 月第 一 版　开本：720×1000 1/16
2024 年 10 月第五次印刷　印张：8 1/2
字数：167 000
定价：68.00 元
（如有印装质量问题，我社负责调换）

目 录

第一章 绪论 ··· 1
  第一节 红色精神对大学生思想政治教育的重要价值 ················· 1
  第二节 红色文化与红色精神的研究状况 ································· 3
  第三节 创新高校思想政治教育 ··· 9

第二章 红色精神的内涵和特征 ·· 12
  第一节 红色文化与红色精神 ··· 12
  第二节 红色精神的发展脉络 ··· 21
  第三节 红色精神的特征 ·· 33
  第四节 新时代红色精神的发展 ·· 40

第三章 新时代大学生思想政治教育 ····································· 48
  第一节 大学生思想政治教育的内涵 ······································· 48
  第二节 新时代大学生思想政治教育的构成要素 ····················· 51
  第三节 新时代大学生思想政治教育新特征 ···························· 55
  第四节 新时代大学生思想政治教育面临的挑战 ····················· 59

第四章 新时代红色精神充实大学生思想政治教育的内容 ···· 68
  第一节 新时代红色精神教育强化大学生的马克思主义信仰 ···· 69
  第二节 新时代红色精神教育提升大学生爱国主义教育效果 ···· 74
  第三节 新时代红色精神教育加强大学生社会主义道德建设 ···· 79
  第四节 新时代红色精神教育促进大学生全面发展 ·················· 82

第五章 新时代红色精神与大学生思想政治教育方法创新 ···· 88
  第一节 新时代创新大学生思想政治教育方法的必要性 ··········· 88
  第二节 新时代高校思想政治教育思维方式亟待转换 ··············· 91

第三节　新时代红色精神对大学生思想政治教育的重要作用……… 98
第四节　新时代红色精神改进大学生思想政治教育的方法……… 101

第六章　新时代红色精神融入大学生思想政治教育的路径……… 106
第一节　新时代红色精神融入第一课堂教学……………………… 106
第二节　新时代红色精神融入校园文化建设……………………… 110
第三节　新时代红色精神融入大学生社会实践…………………… 115
第四节　新时代红色精神融入全媒体宣传………………………… 118

结论　新时代红色精神提升大学生思想政治教育效果……………… 122
后记……………………………………………………………………… 130

第一章 绪论

第一节 红色精神对大学生思想政治教育的重要价值

党的十九大报告指出中国特色社会主义进入新时代,新时代中国特色社会主义建设需要一批意志坚定、学养扎实、热爱祖国、开拓创新的青年人,这就需要加强对青年的理想信念教育,坚持将社会主义核心价值观教育贯穿始终。如何增强大学生理想信念教育的实效性、增进思想政治教育的效果,弘扬中国共产党的红色精神是一种有效的途径。

中国共产党历来重视对青年人思想品德的培养和理想信念的教育,党的十八大以来,习近平同志在多次公开讲话中指出要重视对青年人的教育。2013年9月,习近平同志在河北省委常委班子专题民主生活会上指出:"坚定理想信念,切实解决好世界观、人生观、价值观这个'总开关'问题"[1],借助红色精神的引领来加强大学生理想信念教育是一条有效途径。

当代大学生是祖国的未来、民族的希望,是新时代中国特色社会主义事业的建设者和接班人。新时代对高校思想政治教育提出了新的要求,培养具有远大理想、崇高信念、创新理念的社会主义事业的接班人,需要革新思想政治教育理念、丰富思想政治教育的内容、转变思想政治教育的方法。长期以来,党中央虽然高度重视思想政治教育工作,特别是近年来习近平同志在多次重大会议上发表讲话,强调重视大学生思想政治教育,提出了对当代大学架构和建设学科体系的要求,在多次讲话中强调要明确培养目标、强化大学生的理想信念教育,强调当代大学生培养远大理想和崇高信念的重要性。2018年5月2日,习近平同志在北京大学

---

[1] 佚名:《批评与自我批评,动了真格!——习近平总书记参加河北省委常委班子专题民主生活会纪实》,《人民日报(海外版)》2013年9月27日,第2版。

师生座谈会上指出:"人才培养体系涉及学科体系、教学体系、教材体系、管理体系等,而贯通其中的是思想政治工作体系。加强党的领导和党的建设,加强思想政治工作体系建设,是形成高水平培养体系的重要内容。"①加强党对高校的领导,坚持社会主义办学方向,培养志向高远、富于创新能力的社会主义建设者和接班人,减弱时代变革和多元文化背景对大学生思想政治素质的影响,强化大学生对社会主义核心价值观的认同,这就需要充实和发展思想政治教育的内容,更新大学生思想政治教育的方法。引入红色精神能够丰富思想政治教育的内涵,创新思想政治教育的方法,培养大学生"爱国、励志、求真、力行",新时代加强大学生的理想信念教育,实现思想政治教育的创新育人与全面育人是当前大学生思想政治教育的迫切任务和当务之急。

加强大学生的思想政治教育,需要丰富思想政治教育的内涵,以丰富的红色素材影响和教育大学生,发挥红色文化的引领作用和感染力,帮助大学生树立远大理想和崇高志向,实现大学生的全面发展。红色文化是中国共产党在革命和建设时期积累的优秀文化,是马克思主义中国化的产物。红色精神蕴含着中国共产党为人民服务的宗旨,长期以来中国共产党领导中国人民进行革命和建设的探索,积累了丰富的红色文化,沉淀了丰厚的红色精神。改革开放以来,中国共产党和教育管理部门虽然重视对红色精神的概括和总结,但是对红色精神的挖掘和进一步宣传教育与升华还不够,这在一定程度上源于部分同志对红色精神的价值内涵认识尚浅。了解和把握红色精神,需要把握红色精神的本质。红色精神的本质是中国化的马克思主义,是中国共产党领导中国人民在革命、建设与改革过程中艰辛探索、认真思考的基础上做出的经验总结,作为一种宝贵的精神财富,饱含着中国共产党对革命和建设与改革创新经验的体悟及总结,吸取了马克思主义经典著作的核心内涵,创新发展了中国传统文化的精华,既融合古今又贯穿中西,是以共产主义思想体系指导中国革命、建设和改革实践的经验总结,红色精神创新发展了马克思主义中国化的实践形式,是具有中国特色的社会主义精神文明成果。红色精神具有深厚的理论内涵和重要的实践价值,当代大学生思想政治教育只有吸取红色精神的内涵,才能充实思想政治教育的内容,进而引领思想政治教育的实践和创新思想政治教育的方法。

红色精神是大学生思想政治教育的宝贵素材,吸取红色精神的精华,能够创新大学生思想政治教育的内容和方法,从而满足新时代对大学生人才培养和品德塑造的新要求。2017年10月18日,中国共产党第十九次全国代表大会上习近平同志指出:"中国共产党第十九次全国代表大会,是在全面建成小康社会决胜阶段、

---

① 习近平:《在北京大学师生座谈会上的讲话(2018年5月2日)》,人民出版社2018年版,第10页。

中国特色社会主义进入新时代的关键时期召开的一次十分重要的大会。"①中国特色社会主义进入新时代，对我国政治、经济、文化和思想建设提出了一系列新的要求。"当前，国内外形势正在发生深刻复杂变化，我国发展仍处于重要战略机遇期，前景十分光明，挑战也十分严峻。"②新时代的光明前景需要更多更优秀的人才投身到社会主义建设当中去，新时代面临的严峻挑战要求建设者要有远大理想和崇高信念，要有坚定的马克思主义信仰，要有高尚的品德修养。中国共产党领导中国人民在改革开放的探索过程中取得了巨大的成就，特别是在思想文化建设领域成果丰硕。新时代思想文化建设引人瞩目的成就更要求当代大学生坚定马克思主义信仰，坚定实现中国特色社会主义共同理想的信心，为实现中华民族伟大复兴而努力。新时代要求大学生领会党的十九大报告的精神，振奋精神、砥砺前行，以崭新的面貌、更高的要求完善自己，做德智体美全面发展的接班人。同时，青年大学生要坚定意志、锤炼品格，准备应对各种挑战。党的十八大以来，中国改革和发展虽然取得了重大的成就，但是习近平同志指出，我们也面临着一系列的问题，"意识形态领域斗争依然复杂，国家安全面临新情况"③。一方面，改革开放过程中西方意识形态伴随西方经济的渗入带来的影响；另一方面，我国高校思想政治教育也暴露出一些问题，丰富高校思想政治教育内容、创新高校思想政治教育方法是当务之急。

蕴含中国共产党优良传统的红色精神，是中国共产党领导中国人民在革命和建设过程中创造的精神财富，是改革开放以来中国特色社会主义伟大实践的强大支柱和强劲动力，是中国共产党领导中国人民进行伟大斗争、建设伟大工程、推动伟大事业、实现伟大梦想的重要动力。新时代中国共产党要永葆蓬勃朝气，做人民公仆、时代先锋、民族脊梁，必须自觉、全面、具体、持续地弘扬红色精神。新时代中国共产党领导中国人民建设社会主义，需要不断传承和弘扬红色精神，传承红色精神的内涵，创新思想政治教育的方法，将红色精神作为引导我们继续前行的精神支柱与动力源泉。新时代弘扬红色精神是时代赋予当代大学生的历史使命。

第二节 红色文化与红色精神的研究状况

近年来，学术界关于红色精神的相关研究涉及几个领域，已有一些优秀的著

---

① 习近平：《决胜全面建成小康社会 夺取新时代中国特色社会主义伟大胜利——在中国共产党第十九次全国代表大会上的报告》，人民出版社2017年版，第1页。
② 习近平：《决胜全面建成小康社会 夺取新时代中国特色社会主义伟大胜利——在中国共产党第十九次全国代表大会上的报告》，人民出版社2017年版，第2页。
③ 习近平：《决胜全面建成小康社会 夺取新时代中国特色社会主义伟大胜利——在中国共产党第十九次全国代表大会上的报告》，人民出版社2017年版，第9页。

作和论文出版发表。关于中国精神的研究、民族精神的研究形成了一批有代表性的著作，关于中国精神的概要的研究首先要提到是季羡林的《中国精神·中国人》，这部著作反映了"一个老知识分子的心声"，主要介绍的是季羡林个人的一些感悟。吴潜涛等著的《中国精神教育读本》虽然定位为读本，但是该书深入阐释了中国精神的形成背景、具体体现和价值意蕴，深刻分析了实现中国梦与弘扬中国精神的内在关系，提出了在弘扬践行中国精神过程中培育践行社会主义核心价值观的路径，体现了科学性、系统性、理论性和实践性的统一。该书通俗易懂，是学习、宣传、弘扬、践行中国精神的好读物。赵存生和宇文利所著的《中国精神——弘扬和培育中华民族精神的理论与实践》则在整体研究中国精神的理论内涵的基础上进一步勾画了中国精神的实践路径，该书深入分析了中华民族精神的基本理论问题、中华民族精神的历史发展和基本规律等内容，分析了弘扬中华民族精神的现实条件与宏观战略，提出了弘扬和培育中华民族精神的路径与对策，是近年来研究中华民族精神的重要著作。程广云在《当代中国精神》中则从自己多年来对当代中国精神的研究和领会入手分析，坚持贯古今、通内外的思路，对当代中国精神进行了解读，在考察了全球化与中国模式、现代化与中国道路等几个主题之后，从生态文明、物质文明、社会文明、政治文明和精神文明等几个角度入手考察分析了中国精神的内涵与构架。

  关于红色文化与红色精神研究也奠定了本书研究的理论基础，梁长根所著的《红色文化概论》是从整体上研究红色文化的论著。梁长根通过对红色文化、红色精神的分析，对红色文化和红色精神的内涵进行了初步的概括，重点研究了红色文化旅游和红色文化资源的保护与开发。关于红色精神的研究主要体现为对中国共产党不同时期红色精神内涵的深入考察和研究，分析了红色文化的精神内涵，解读了几种有代表性的红色精神：红船精神、井冈山精神、雷锋精神、大庆精神和抗震救灾精神。韩延明主编的《红色文化与社会主义核心价值体系建设研究》深入挖掘了红色文化的时代价值，明确了红色文化是推进社会主义核心价值体系建设的载体，提出了探索社会主义核心价值体系建设的新路径是整合、开发和运用红色文化资源，打破各地对红色文化的分割式研究，加强对全国红色文化资源的系统性研究，构建全方位覆盖、多渠道渗透的红色文化教育模式。关于红色精神内涵的深入研究也有诸多成果，红色精神作为中国共产党把马克思主义基本原理与中国不同时期的实际情况相结合，领导广大人民在革命、建设和改革过程中形成的精神形态，以马克思主义为指导，吸收民族精神、时代精神凝结而成，孙绍勇深入考察了红色精神对我国主流意识形态的认同价值，他认为："红色精神作为革命精神、建设精神、改革精神的统一，其传承创新具有时代性和现实性，红色精神的形成和发展与我国主流意识形态的确立和完善同宗同源，高度契合，探索以红色精神的传承增强我国主流意识形态认同的路径。"①也有学者研究了红色精神的基本内涵,如白启鹏认为红色精神的基本内涵包括坚定的社会主义理想信念、理论联系实际的实事求是精神,全心全意为人民服务的民本精神,自力更生、艰苦创业的创业精神等。

近年来,学术界对红色精神个案的深入研究渐成热点。陈燕楠等针对几种红色精神进行了案例研究,在《精神的力量:延安精神的时代价值》中对延安精神进行了深入研究,该书对延安精神进行了生动的阐述和细致的介绍,大力赞扬了中国共产党凝练的延安精神的历史贡献,高度肯定了中国共产党在延安的革命与建设中积累了丰富的理论素材和宝贵的实践经验,延安整风运动团结教育了党员,实现了党的空前团结,体现了良好的风尚,延安人民良好的精神风貌得到了国内外一致好评,体现了中共领导人卓越的世界眼光。易联树在《延安时期中国共产党培育与弘扬时代精神的路径选择》中指出:"中国共产党是延安时期时代精神的塑造者,在延安时期时代精神的形成与光大中发挥了重要作用。"②易联树注意到中国共产党在延安时期结合时代主题,塑造了延安精神、抗日救国的核心内涵,积极回应时代问题,开创了人民当家作主、全心全意为人民服务的时代新风。

党的十八大以来,有学者深入探讨中国精神、红色精神与中华民族伟大复兴中国梦实现的关系。余双好对中国精神与中国梦的研究有独到之处,他既注重对中国精神内涵的界定,也注重中国精神相关关系框架的架构,包括中国精神与民族精神及时代精神的关系、中国精神与中华优秀传统文化的关系、中国精神与社会主义核心价值体系的关系等,深入分析了中国精神的价值所在。③裴德海高度肯定了中国精神对实现中国梦的积极影响,指出:"中国精神之所以可以成为中国梦的灵魂还在于中国精神是凝聚中国心、实现中国梦的根本力量。因为,只有将亿万人民群众作为载体的中国精神,才能有机地将中国梦与人民的梦最有效地结合在一起。"④他认为毛泽东思想开辟了中国时代精神的新境界,凸显了以民为本、为民服务的思想。裴德海认为,中国的制度自信以中国精神为基础,是实现中国梦的政治保证。董振华的《中国梦与中国精神》既注重对中国人民追寻中国梦的历史探索,也注重对构建中国梦的要素民族精神、时代精神、共同理想、核心价值观等的分析,提供了中国精神与中国梦实现的一个较为完整的框架构建。当前红色精神与中国梦的实现已成为一个研究热点,就红色精神与中国梦的关系来说,黄遵斌认为:"实现中华民族伟大复兴中国梦,其基本内涵是实现国家富强、民族

---

① 孙绍勇:《红色精神的传承对我国主流意识形态认同的价值探究》,西南大学2016年硕士学位论文。
② 易联树:《延安时期中国共产党培育与弘扬时代精神的路径选择》,《毛泽东思想研究》2018年第1期,第126页。
③ 余双好主编:《中国梦之中国精神》,武汉大学出版社2015年版,第2—19页。
④ 裴德海:《中国梦视域下的中国精神》,安徽教育出版社2014年版,第2页。

振兴、人民幸福。无论是国家层面的中国梦、民族层面的中国梦、还是个人层面的中国梦，其实现都离不开红色精神的积极引领。"①同时，他还指出了红色精神与中国梦是相生相容、互联互通的关系，这一观点为学术界提供了有益的启示。

近年来，对红色精神本身进行较为深入研究的学者也不乏其人，陈莉莉等对红色精神的深度解析有所贡献，有学者分析了红色精神集体记忆及红色精神涵养社会主义核心价值观等内容，如陈莉莉分析了红色精神集体记忆，她认为："红色精神集体记忆是立足现在对过去的一种选择性建构，在社会不同群体中共享红色精神的集体记忆不仅有利于民众的政治认同，也影响广大民众的行为方式。"②同时，陈莉莉分析了现代社会中的多种因素造成了人们对红色精神集体记忆的弱化，还分析了红色精神集体记忆建构的路径。冉琴探讨了红色精神涵养社会主义核心价值观的方法论原则，分析了红色精神的结构特征，并指出红色精神呈现出以信仰为中心的同心圆结构，"中心是对马克思主义的信仰，依次为红色精神的价值观生成、红色精神的思想支撑和思维方式、红色精神的文化和情感体验"③。基于红色精神的同心圆结构，她提出了红色精神涵养社会主义核心价值观的路径为"红色精神的结构体系表明，其涵养社会主义核心价值观的路径应当以红色精神的文化情感体验为基础，利用红色精神强大的情感感召力，使人们从心理和情感上推崇红色精神，深入学习马克思主义基本理论和中国特色社会主义理论成果，养成马克思主义思维方式，进入到价值观层面达成价值共识生成对信仰的认同"④。

红色精神与大学生思想政治教育的关系属于红色精神的应用层面的研究，有学者注意到了红色精神对大学生思想政治教育的德育价值。例如，田维亮认为，把红色精神资源运用到大学生思想政治教育中，能够开拓大学生思想政治教育研究的视野，发挥红色精神的思想引导、审美、熏陶等思想政治教育的功能。康顺利认为，红色精神的传承发展蕴含着无意识的思想政治教育，有助于为大学生思想政治教育提供鲜活的载体，进而增强大学生思想政治教育的实效性。金民卿强调了红色精神通过实践路径的育人功能，他认为中国共产党把自己坚持的理论、坚守的信仰、追求的理想对象化和具体化，有助于实现坚定理想信念和科学理论指导向实践理念的转化，有助于红色文化意义向红色文化精神的转化，进而对人们产生形象性、时代性和持久性的感召力。这种感召力量有助于激发大学生的创新潜能，对大学生的创新创业将产生重要影响。

李霞认为，红色精神的传承发展有助于创新大学生思想政治教育的方法内容

---

① 黄遵斌：《论红色精神与中国梦的内在逻辑》，《求实》2014年第3期，第89页。
② 陈莉莉：《优良传统和革命精神的集体记忆研究》，《毛泽东邓小平理论研究》2015年第11期，第44页。
③ 冉琴：《红色精神涵养社会主义核心价值观的方法论原则》，《毛泽东思想研究》2017年第5期，第110页。
④ 冉琴：《红色精神涵养社会主义核心价值观的方法论原则》，《毛泽东思想研究》2017年第5期，第110页。

和环境载体,有助于提升大学生思想政治教育的吸引力和感染力,并且红色精神的传承教育对大学生人格素养的形成发展、思想道德素质的提高都具有重要作用。红色精神在大学生思想政治教育领域具有重要的育人功能,有学者认为红色精神是有针对性的教育资源,既能提升大学生的精神追求,还能培养大学生的责任意识,这是红色文化精神内涵的反映,是社会主义先进文化的体现,它的影响力、感召力和亲和力具有文化软实力的效用,在对大学生进行思想政治教育中能够发挥润物细无声的作用。更有学者注意到红色精神的内在动力,认为红色精神是一种内在的拼搏进取精神,体现了人的本质的自我生成。关于红色精神与红色文化的育人功能的研究,王佳宁和葛茂奎认为"红色精神是我们党在进行革命斗争中领导人民群众自然形成的,具有思想教育的重要导向功能"[①]。

新时代红色精神的继承与发展是近年来红色精神领域的研究热点。董根洪着重分析了新时代的红船精神,他指出:"新时代大力弘扬'红船精神',不仅在于'红船精神'是中国共产党的精神家园,是新时代加强党的建设的重要'建党精神',而且它还具有多方面多层面的时代价值,我们必须全面把握'红船精神'的内涵和意义。"[②]董根洪认为,红色精神是对中华民族精神的升华,集中体现了对中华优秀传统文化的继承和发扬。作为系列红色精神的摇篮,红船精神对当代青年的成长与成才具有指引作用,是实现中华民族伟大复兴中国梦的助力。王佳宁和葛茂奎认为,红色精神在新时代又迸发出勃勃生机,新时代弘扬红色精神对于当代大学生坚定理想信念、培育社会主义核心价值观、教育当代大学生、牢记革命先辈的艰苦奋斗、继承和发扬优良革命传统、学会克服生活和学习中的困难、自立自强做生活中的强者等,具有重大而深远的意义。[③]周晓岩提出了新时代传承红色基因、培育红色精神的任务和途径,同时深入分析了红色精神个案与大学生思想政治教育的关系。[④]关于新时代红色精神与大学生理想信念教育的研究,田永静和颜吾佴认为,红色精神与加强大学生理想信念教育具有内在一致性,是社会主义核心价值体系的重要组成部分,是加强大学生理想信念教育的宝贵资源。[⑤]同时,红色精神对大学生思想政治教育具有实践引领的作用,红色精神能够激励当代青年努力创新创业。谢彪以古田会议精神为典型案例,分析了红色精神对大学生思想政治教育的启示意义,他认为古田会议精神对大学生思想政治教育的价值

---

① 王佳宁、葛茂奎:《大学生红色精神教育重要性与实践》,《佳木斯大学社会科学学报》2018年第3期,第84页。
② 董根洪:《"红船精神":新时代的伟大精神支撑》,《浙江日报》2017年12月19日,第5版。
③ 王佳宁、葛茂奎:《大学生红色精神教育重要性与实践》,《佳木斯大学社会科学学报》2018年第3期,第84—85页。
④ 周晓岩:《红色基因:坚守马克思主义的思想本源》,《人民武警报》2018年5月20日,第3版。
⑤ 田永静、颜吾佴:《以红色精神教育坚定大学生的理想信念》,《思想理论教育导刊》2016年第2期,第135—136页。

体现在政治信仰教育、民族精神教育和思想道德教育等方面。①虽然目前关于红色精神与思想政治教育已有一些研究成果,但是尚缺乏针对新时代红色精神引领大学生思想政治教育整体性的研究。

国外关于红色精神缺乏专门的研究,集中散见在对中国共产党领袖人物的研究和对中国共产党的研究中。国外理论界侧重研究毛泽东思想、邓小平理论和"三个代表"重要思想,2009年以来国外学术界掀起了对习近平相关理论研究的热潮,也涌现了一批优秀的研究成果,但仍缺乏对中国共产党的红色精神的专门的研究。

红色精神作为马克思主义与中国实际相结合的产物,是马克思主义中国化的现实物态,是中国共产党人共产主义远大理想的凝结,是人们精神文化的重要依托,具有丰富的内涵和价值。目前学术界对红色精神虽然多有研究,但是也存在诸多不足。魏本权认为,目前学界尚缺乏从历史的角度细致梳理红色精神的优秀成果,对红色精神的内涵、外延、理论体系和研究不够深入,而且其内涵界定还不够准确。②而对于新时代红色精神与大学生思想政治教育尚缺乏完整体系的研究,虽然也有部分研究展示了红色精神个案对大学生思想政治教育的深刻启示,但是尚缺乏对新时代背景下红色精神引领大学生思想政治教育的系统研究。

新时代中国特色社会主义理论与实践是马克思主义中国化的成果,是对马克思主义的继承和发展。身处新时代,当代大学生要以新的面貌迎接挑战,对红色精神的继承与发扬体现了新时代的要求。新时代、新形势要求大学生思想政治教育紧密把握大学生关注的热点问题,引领时代潮流,要掌握当代大学生的思想发展规律,加强理想信念教育的内化,丰富思想政治教育的内容,提升思想政治教育的效果,促使大学生将主流意识形态内化于心、外化于行。在新时代需要运用新的理论工具和新的方法、新的教育素材,不断提升大学生思想政治教育的效果。"牢牢掌握意识形态工作领导权。意识形态决定文化前进方向和发展道路。必须推进马克思主义中国化时代化大众化,建设具有强大凝聚力和引领力的社会主义意识形态,使全体人民在理想信念、价值理念、道德观念上紧紧团结在一起。要加强理论武装,推动新时代中国特色社会主义思想深入人心。"③学习贯彻习近平新时代中国特色社会主义思想,培养有远大理想和崇高信念、能够为全面建成小康社会作出突出贡献的社会主义事业接班人,需要教育者和受教育者遴选学习内容,

---

① 谢彪:《红色精神对新时期高校思想政治教育的价值及其运用——以古田会议精神为中心的讨论》,《福建师范大学福清分校学报》2016年第2期,第86—87页。

② 魏本权:《红色精神的历时性建构与回溯性还原——以20世纪50年代以来厉家寨精神为考察中心》,《井冈山大学学报(社会科学版)》2010年第2期,第22页。

③ 习近平:《决胜全面建成小康社会 夺取新时代中国特色社会主义伟大胜利——在中国共产党第十九次全国代表大会上的报告》,人民出版社2017年版,第41页。

提升思想认识，用中国共产党红色精神武装思想，创新思想政治教育的方法。

随着改革开放的不断深入，我国与西方的文化交流也日益频繁。与西方社会经济与技术交流拓展了当代大学生的视野，中国开放的经济环境促进了文化的多元化，受开放、多元文化的影响，当代大学生思想政治教育也呈现出多元化、复杂化的特点，且多元文化对大学生产生了正反两方面的影响。从正面影响来说，它拓展了大学生的视野；从反面影响来说，它侵蚀了大学生的共产主义理想信念，使大学生容易受到历史虚无主义的影响。与此同时，大学生思想道德教育呼唤更加明确的价值引领，呼唤大学生正确认识中国共产党的历史发展，正确认识自身肩负的使命与责任。随着互联网时代的到来，大学生获取信息的渠道更加多样，大学生的思想发展和年龄特征决定了他们尚缺乏有力的辨识能力，因此身处价值多元化的时代，虽享受着丰富的物质生活，但大学生显现出的价值迷失和思想软弱现象也可能会削弱其思想政治教育的效果。理想和信仰教育需要有丰富的感人至深的历史故事与真实素材作支撑，中国共产党的红色精神为大学生理想信念的塑造提供了优秀的素材，这些足以为大学生补足精神之"钙"。中国共产党成立以来，红色精神从孕育丰富到发展壮大，中国共产党的红色精神展现出丰富的价值内涵，既继承了中国共产党的优良传统，又包含了与时俱进的时代要求，彰显了中国共产党自我革命和自我发展不断奋进的革命热情，也见证了中国共产党领导中国人民不断取得革命和建设胜利的光辉历程。

第三节 创新高校思想政治教育

创新高校思想政治教育方式方法，继承和发扬中国共产党红色精神，加强和改进大学生思想政治教育，这不仅要丰富发展大学生思想政治教育的内涵，也需要创新大学生思想政治教育的方法，还需要拓展大学生思想政治教育的途径。对中国共产党红色精神继承和发扬的过程本身也是一个红色精神内涵丰富和发展的过程，作为一个开放的体系，中国共产党红色精神自身也处在自我完善与发展过程中，在习近平新时代中国特色社会主义思想指引下，挖掘红色精神的丰富内涵，强化大学生思想政治教育内容，加强大学生理想信念教育，提升大学生思想政治教育的整体水准，搭建大学生思想政治教育新媒体平台，在变化、丰富、发展、完善的过程中传播红色精神，这对新时代大学生的全面发展具有重要意义。

创新高校思想政治教育方式方法，吸收红色精神的精华内容，回应经济全球化和信息技术革命背景下各国激烈的经济、政治、文化竞争对高校思想政治教育的挑战，需要有更坚实的基础和更丰富的素材，新时代加强高校思想政治教育需要应对道德领域的各种危险，培育践行社会主义核心价值观，积极应对"四大危险"（精神懈怠危险、能力不足危险、脱离群众危险、消极腐败危险）迎接"四大考验"（执政考验、改革开放考验、市场经济考验、外部环境考验），培养德智体美全面发展的社会主义事业接班人，在多元和差异中确立目标与方向，谋求共识、凝聚力量、推动发展，红色精神成为全国各族人民团结奋斗中推动实现中华民族伟大复兴中国梦的精神动力。

本书在大量阅读相关文献的基础上对红色精神展开分析和研究，分析红色精神的内涵、源流和发展，探寻红色精神发展的历史脉络，把握红色精神发展过程中经历的新民主主义革命时期、社会主义革命和建设时期和改革开放与社会主义现代化建设新时期的阶段发展与相关特征，并注意把握各个阶段发展延续与创新的内在一致性，从而整体把握红色精神的内涵发展。

红色精神是具体的、历史的文化现象，具体表现为红船精神、井冈山精神、抗战精神、遵义会议精神、沂蒙精神、苏区精神、延安精神、长征精神、"两弹一星"精神、载人航天精神等，是中国共产党领导中国革命和建设过程中取得巨大成就的历史见证。为更好地研究红色精神，本书运用案例分析法展开研究，以期能更加立体生动地呈现和把握红色精神的特征，以及如何继承和发展红色精神的内涵。红色精神作为一种集体智慧的结晶，值得我们进行深入的研究和分析，但是在对红色精神进行深入分析的过程，需要结合具体的历史事件展开，这样一来，红色精神不仅展现为一幅幅丰富生动的历史画卷，也便于学生准确把握红色精神内涵的发展。通过分析当代大学生继承和发扬中国共产党红色精神的数据，可以清晰地看到红色精神对当代大学生的引领和凝聚作用；通过学习红色精神前后大学生创业热情和奋进动力数据的比较，彰显出红色精神的引领作用以及其与社会主义核心价值观内涵的相关性。

新时代加强大学生思想政治教育是新时代中国特色社会主义建设的必然要求，新时代大学生思想政治教育需要加强内涵建设，彰显中国精神、加强红色精神的引领是培育践行社会主义核心价值观的需要，因此培育和践行社会主义核心价值观是当务之急，"社会主义核心价值观是当代中国精神的集中体现，凝结着全体人民共同的价值追求。要以培养担当民族复兴大任的时代新人为着眼点，强化教育引导、实践养成、制度保障，发挥社会主义核心价值观对国民教育、精神文明创建、精神文化产品创作生产传播的引领作用，把社会主义核心价值观融入社会发展各方面，转化为人们的情感认同和行为习惯"①。

新时代以红色精神加强对大学生思想政治教育的引领，是时代对当代思想政治教育工作者提出的要求，也是经济全球化对当代中国人才培养质量的现实挑战，

---

① 习近平：《决胜全面建成小康社会 夺取新时代中国特色社会主义伟大胜利——在中国共产党第十九次全国代表大会上的报告》，人民出版社 2017 年版，第 42 页。

新时代要求继承中华优秀传统文化、彰显中国先进文化,使中华民族屹立于世界民族之林,需要弘扬民族文化,增强民族自信,加强社会主义核心价值观教育,"一个民族、一个国家的核心价值观必须同这个民族、这个国家的历史文化相契合,同这个民族、这个国家的人民正在进行的奋斗相结合,同这个民族、这个国家需要解决的时代问题相适应"[1]。新时代加强大学生思想政治教育,需要以红色精神为引领,并将社会主义核心价值观教育贯穿始终。

---

[1] 习近平:《习近平谈治国理政》,外文出版社2014年版,第171页。

第二章
红色精神的内涵和特征

第一节 红色文化与红色精神

一、红色文化

红色文化的形成是马克思主义中国化的成果,是中华优秀传统文化与中国革命文化相结合的产物。红色文化鼓舞人民英勇奋斗和积极向上,激发人民革命和建设的热情,鼓舞人民在中华人民共和国成立初期克服重重困难取得建设的初步成果。红色在中国象征着喜庆、团圆,得到了中国人民的普遍喜爱,在庆祝春节等传统节日时,中国人常常用红色事物来装饰庭院、房间以表达欢快的心情,彰显生活中的朝气蓬勃。在国际上,红色与社会主义运动紧密相关,红色文化作为世界社会主义和共产主义运动的代表性文化,打上了鲜明的共产主义烙印。在中国,红色文化伴随着中国革命与建设得以不断发展,是中国特色社会主义先进文化,"中国特色社会主义文化,源自于中华民族五千多年文明历史所孕育的中华优秀传统文化,熔铸于党领导人民在革命、建设、改革中创造的革命文化和社会主义先进文化,植根于中国特色社会主义伟大实践"[①]。

红色文化与世界社会主义运动的产生和发展有着深厚的渊源,仔细分析其定义有广义与狭义之分,"广义的红色文化是指世界社会主义和共产主义运动整个历史过程中形成的人类进步文明的总和,包括物质、精神和制度三方面;狭义的红色文化是指在马克思主义的指导下,中国共产党领导人民在新民主主义革命、社会主义革命和建设、改革的实践中共同创造出来的各种物质和精神财富的

---

① 习近平:《决胜全面建成小康社会 夺取新时代中国特色社会主义伟大胜利——在中国共产党第十九次全国代表大会上的报告》,人民出版社2017年版,第41页。

总和"①。红色文化伴随世界社会主义运动的产生和发展而不断发展，在中国则与马克思主义在中国的传播密切相关，本书中笔者主要关注红色文化在中国的发展、演变；吸收了中华优秀传统文化的精华，形成发展于马克思主义在中国的传播过程中，五四运动的爆发催生了红色文化，"红色文化，产生于世界社会主义和共产主义运动；在中国，红色文化源于五四运动"②。

19世纪末20世纪初，为反抗列强的入侵、实现国家的独立富强，中国的先进知识分子掀起了学习马克思主义的热潮，俄国十月革命的胜利给广大劳动人民带来了摆脱半殖民地半封建社会的希望，为中国红色精神的孕育和发展创造了条件，中国共产党的成立则进一步推动了红色文化的发展壮大，红色文化伴随着中国共产党革命和建设的进程，在中华大地迅速地、广泛地传播。在中国摆脱半殖民地半封建社会的革命中，中国革命者表现出前赴后继、英勇牺牲、无私忘我的精神，中国革命者将自己的奉献和牺牲凝结为红色文化的深刻内涵，红色文化蕴含着中国革命和建设者不屈的努力与坚定的探索，表现出对国家和民族强烈的责任感。伴随着无产阶级革命的推进，中国共产党领导的革命军队表现出对共产主义的坚定信仰，为中华人民共和国的成立作出了重大贡献，表现出英勇奋斗和牺牲的精神，中国共产党党员无私忘我的决心和行动给我们当代大学生强烈的震撼。红色文化的孕育和发展给徘徊在半殖民地半封建社会的中国人民带来了光明与希望，并指明了革命的方向。

红色文化是中国共产党和中国革命的先进分子在革命与建设实践中创立的，体现出了中国共产党人坚定的共产主义信念、坚强的革命意志，是共产主义精神的体现。红色文化既有物质层面的文化样态，又有精神层面的文化样态，针对红色文化呈现出的多样文化样态，这里我们着重研究精神层面的文化样态。红色文化是中国人民的宝贵精神财富，意寓着中国共产党领导中国革命和建设的艰辛探索与取得的辉煌成就，红色文化的形成和发展正处于中国广大革命者在为民族谋复兴、为人民谋幸福的抛头颅、洒热血、奋斗牺牲的革命过程中，在红色文化的发展过程中革命者用鲜血染红了红旗，他们用牺牲换来了中国革命的胜利，经过几代人前赴后继的努力终于成立了中华人民共和国，中华人民共和国成立以后，五星红旗迎风飘扬，革命先烈流血牺牲为中国的革命文化着了色，而马克思主义的指导，使红色文化从一产生就体现了其先进性和革命性，因此给红色文化一个可选定义，即"中国共产党领导全国各族人民在长期革命、建设、改革进程中创造的以中国化马克思主义为核心的先进文化"③。

---

① 渠长根：《红色文化概论》，红旗出版社2017年版，第1页。
② 渠长根：《红色文化概论》，红旗出版社2017年版，第1页。
③ 刘润为：《红色文化：中国人的精神脊梁》，《红旗文稿》2013年第18期，第4页。

红色文化是当代中国文化体系的重要组成部分，也是对中华优秀传统文化的继承和发展。红色文化融合了多种文化要素，体现了文化的先进性。红色文化继承和发展了中华优秀传统文化的相关内容，并进行了创造性的发展，如红色文化传承了中华民族爱国主义的优良传统并将其发扬光大。中华民族有着悠久的爱国主义优良传统，这既表现为中国儒家先贤们家国一体、忧国忧民的深沉情怀，正如王安石"先天下之忧而忧，后天下之乐而乐"的超脱境界，而"天下兴亡，匹夫有责"则彰显了中国古人的社会责任感和宽广的胸怀。中华民族的爱国传统可以追溯到春秋战国时期，楚国大夫屈原就是典型的代表。当时，屈原以忧国忧民、胸怀天下闻名于列国，他是一位时刻为楚国人民的命运担忧的三闾大夫，在那个列国纷争的时代，因为对楚国贵族绝望，他投入汨罗江自尽，他的举动令楚国人民落泪，也感动了战国时期的七国人民，中国的传统节日端午节就是纪念屈原、缅怀屈原爱国情怀的节日，而屈原所作的《离骚》也表达了他的爱国情怀，广为流传，为千百年来文人墨客所称赞。司马迁在《史记》中生动记载了屈原投入汨罗江的悲壮一幕："屈原至于江滨，被发行吟泽畔，颜色憔悴，形同枯槁。渔夫见而问之曰：'子非三闾大夫欤？何故而至此？'屈原曰：'举世浑浊而我独清，众人皆醉而我独醒，是以见放。'渔夫曰：'夫圣人者，不凝滞于物，而能与世推移。举世皆浊，何不随其流而扬其波？众人皆醉，何不哺其糟而啜其醨？何故怀瑾握瑜，而自令见放为？'屈原曰：'吾闻之，新沐者必弹冠，新浴者必振衣，人又谁能以身之察察，受物之汶汶者乎？……乃作《怀沙》之赋。于是怀石，遂自投汨罗以死'。"[①]司马迁生动形象地记载了屈原对楚国贵族卖国行为的憎恨，展现了屈原忧国忧民的情怀和洁身自好的品格，而屈原自投汨罗江以明志的行为体现了中国古代知识分子的高风亮节，展现了他对国家的忠诚和奉献精神。

红色文化继承和发扬了中华民族的爱国主义传统，展现了中国古代仁人志士以身许国、公忠为国的精神。中国古代的爱国者有着强烈的自我牺牲精神，他们为祖国奉献牺牲，鞠躬尽瘁死而后已，他们有的表现为把国家利益、公共利益放在个人利益之上，有的表现为秉公执法、顾全大局、廉洁奉公，在外敌入侵的时候舍生取义，在国家穷困的时候努力工作，他们是中华民族的脊梁。中国共产党领导中国人民开启了革命和建设之路，继承和发扬中华民族优秀传统美德，将中华传统道德精华的部分融入红色精神，培育出积极的红色文化，激励着全体党员和人民在新民主主义革命和社会主义革命与建设时期取得了一个又一个伟大的胜利。

中华民族历来强调自强不息，在先秦时期刚健有为的思想内涵已经极为丰富，并产生广泛影响，如《周易·乾》中的"天行健，君子以自强不息"，强调天道强健不衰竭，宇宙运转永不停息。这种刚健有为、奋发进取的精神，是激励中国广

---

① 罗国杰主编：《中国传统道德》，中国人民大学出版社1995年版，第117页。

大革命者的重要精神元素,是中国共产党红色精神的重要来源。中国共产党成立后产生的如红船精神、井冈山精神、抗战精神、遵义会议精神、沂蒙精神、苏区精神、延安精神、长征精神等都体现了革命时期的革命乐观主义精神。社会主义革命与建设时期产生的铁人精神,则充满了建设祖国的热情,体现了为国分忧、为民族争气的精神。在社会主义革命和建设中,强调人民群众对革命和建设的全身心投入,为取得社会主义建设的成果,提出有条件要全力进取,没有条件创造条件也要上,在这种精神的鼓舞下全体人民的建设热情高涨,革命建设取得了突出的成就。

红色文化继承和发扬了中华民族的优良传统,强调勤俭节约、廉洁自律的理念并将之发扬光大。儒家强调洁身自好、立身清白、见利思义,塑造了包拯、海瑞等廉政爱民的楷模,也为红色文化的孕育和发展积累了丰富的素材。新民主主义革命时期和社会主义革命时期中国共产党强调从严治党,坚决反对腐败,不仅指出腐败会直接危害社会的稳定,危害到社会的长治久安,甚至会动摇社会的根基,因此对腐败行为要予以严厉打击。古人强调"吏不廉平,则治道衰"(《汉书》),中国共产党继承和发扬了这一思想,在党的七届二中全会上,毛泽东在西柏坡强调全体党员务必继续地保持艰苦奋斗的作风。廉洁自律思想是红色文化的重要组成部分。中国共产党的红色精神继承和发扬了中国古代的廉洁思想,并跨越时空对其予以丰富和发展,正如《墨子·修身》中记载:"君子之道也,贫则见廉,富则见义,生则见爱,死则见哀,四行者不可虚假,反之身者也。"[1]新时代中国共产党高度重视对廉政文化的发扬光大,在党的十九大报告中,习近平同志高度肯定了弘扬中华优秀文化的必要性,指出:"坚持社会主义核心价值体系。文化自信是一个国家、一个民族发展中更基本、更深沉、更持久的力量。必须坚持马克思主义,牢固树立共产主义远大理想和中国特色社会主义共同理想,培育和践行社会主义核心价值观,不断增强意识形态领域主导权和话语权,推动中华优秀文化创造性转化、创新性发展,继承革命文化,发展社会主义先进文化,不忘本来、吸收外来、面向未来,更好构筑中国精神、中国价值、中国力量,为人民提供精神指引。"[2]

金民卿认为:"红色文化是当代中国文化体系的重要组成部分,主要是指中国共产党带领人民在革命、建设、改革的发展实践中所积累下来的优秀文化。"[3]红色文化继承了中华优秀传统文化的丰富内涵,体现了红色文化的传承性,同时红色文化又是一个开放的体系,吸收了世界社会主义文化的先进要素,并对世界红色文化进行了发展。红色文化体现了中国共产党在革命和建设时期的无私奉献与

---

[1] 罗国杰主编:《中国传统道德》,中国人民大学出版社1995年版,第79页。
[2] 习近平:《决胜全面建成小康社会 夺取新时代中国特色社会主义伟大胜利——在中国共产党第十九次全国代表大会上的报告》,人民出版社2017年版,第23页。
[3] 金民卿:《以红色精神激励青年创新创业》,《人民论坛》2017年第30期,第134页。

英勇牺牲精神，体现了中国共产党人的初心使命。红色文化兼顾包容外来文化，吸收中华传统文化与西方文化的精华，提炼其精神要素，是培养和发扬红色精神的核心要义。党的十九大以来，党中央对发展红色文化、弘扬红色精神高度重视，提出不忘本来、吸收外来、面向未来，更好构筑中国精神、中国价值、中国力量的重要路径，为中国特色社会主义事业提供源源不断的精神动力和道德滋养。

二、红色精神

习近平同志在党的十九大报告中强调了建设和发展中国特色社会主义红色文化的重要性，强调了继承和发扬红色文化与弘扬中国精神密切相关。贯彻落实党的十九大精神，需要我们关注中国共产党红色精神的育人功能，新时代大学生思想政治教育要培养大学生树立远大理想和坚定崇高志向，需要我们加强对我党成立以来积累的精神财富进行整理和进一步发扬光大，整理红色资源、弘扬红色精神，加强大学生思想政治教育，提升大学生的思想道德教育水平。

红色精神是中国共产党在长期革命和建设中积累的宝贵精神财富。毛泽东同志在《中国的红色政权为什么能够存在？》《井冈山的斗争》《星星之火，可以燎原》等文章中把共产党领导的革命根据地称为"红色区域"，把红色区域内的工农武装政权称为"红色政权"。[①]红色政权是中国共产党领导中国人民用鲜血和生命铸就的，是中国共产党政治生命的本色体现。红色精神是中国共产党的宝贵的精神财富，习近平同志指出："我们党在长期奋斗历程中形成的优良传统和革命精神，是一笔宝贵的精神财富和丰厚的政治资源。"[②]继承和弘扬中国共产党的红色精神，是当代中国共产党人的任务和使命，也是当代高校思想政治教育的有力抓手，提升社会民众的思想认识，激发民众的爱国、爱社会主义的热情，提升高校思想政治教育的说服力和感染力，这就需要明晰红色精神的内涵。

习近平同志高度重视弘扬红色精神，2005年任浙江省委书记时曾经发表《弘扬"红船精神"走在时代前列》的文章，提出红船精神为开天辟地、敢为人先的首创精神，坚定理想、百折不挠的奋斗精神，立党为公、忠诚为民的奉献精神，立党为公、忠诚奉献是中国革命的精神之源，也是红船精神的深刻内涵。2006年习近平同志高度赞扬了长征精神所蕴含的精神力量，2009年11月习近平同志在陕西调研时强调结合新的实际弘扬延安精神，"弘扬延安精神，要把坚定正确的政治方向放在第一位，牢记全心全意为人民服务宗旨，坚持解放思想、实事求是、与时俱进，始终牢记'两个务必'，保持延安时期那么一种忘我精神、那么一股昂

[①] 《毛泽东选集》第1卷，人民出版社1991年版，第49、57页。
[②] 佚名：《迎"七一" 盘点习近平谈到过的那些革命精神》，2017年6月29日，http://news.cctv.com/2017/06/29/ARTItj6nIF1OPtB6ddUkgwOe170629.shtml。

扬斗志、那么一种科学精神,为建设和发展中国特色社会主义不懈奋斗。"①习近平同志提倡大力弘扬沂蒙精神、西柏坡精神、创新争优的苏区精神、抛头颅洒热血的抗战精神,2015年习近平同志对遵义会议精神作总结时指出:"遵义会议作为我们党历史上一次具有伟大转折意义的重要会议,在把马克思主义基本原理同中国具体实际相结合、坚持走独立自主道路、坚定正确的政治路线和政策策略、建设坚强成熟的中央领导集体等方面,留下宝贵经验和重要启示。我们要运用好遵义会议历史经验,让遵义会议精神永放光芒。"②

红色精神是中国共产党在革命和建设及改革过程中创造的精神财富,具有素材来源的多样性和意识形态的指导性相结合的特点,体现了革命性特征并具有思想启发性。红色精神继承了中华优秀传统文化,并结合时代需要进行创新性发展,这其中包括开天辟地的红船精神、闪耀着革命英雄主义的长征精神、军队建设制度化的古田会议精神③、坚持独立自主的遵义会议精神、创新争优的苏区精神、忘我奋斗的延安精神、保持"两个务必"的西柏坡精神、自立自强的大庆精神、北大荒精神、开拓创新的"两弹一星"精神和载人航天精神等,充分发扬了中国传统文化中勤劳勇敢、自强不息的品德,也结合中国现实融入了革命和建设的时代因素。抗日战争时期中国共产党人根据自身情况探索出了一条适合自己革命的道路,并催生了伟大的抗战精神和南泥湾精神,"在波澜壮阔的中国人民抗日战争中,千千万万的抗战英雄抛头颅、洒热血,为战争胜利做出了重大贡献,为铸就伟大的抗战精神作出了重大贡献。伟大的抗战精神,永远是激励中国人民克服一切艰难险阻、为实现中华民族伟大复兴而奋斗的强大精神动力"④。抗战时期中国共产党的南泥湾精神既体现了中华民族吃苦耐劳的优良品质,也体现了中国共产党坚持艰苦奋斗、实事求是的一贯作风,抗战时期中共中央根据具体国情作出决策,为取得抗战胜利、驱除日寇,激发了革命英雄主义精神,并克服一切困难争取抗战胜利。红色精神的内容丰富,包括苏区精神、沂蒙精神、吕梁精神、红

---

① 习近平:《结合新的实际弘扬延安精神 推进党的建设》,2009年11月16日,http://www.gov.cn/ldhd/2009-11/16/content_1465896.htm。
② 习近平:《"平语"近人——习近平谈革命战争年代的红色精神》,2016年6月30日,http://www.xinhuanet.com//politics/2016-06/30/c_129103280.htm。
③ 古田会议精神为当代大学生思想政治教育积累了丰富的财富。1929年古田会议的召开是中国红军建军和共产党建党历史上的一个重要事件,毛泽东总结了红军两年多的建设经验形成了《古田会议决议》,决议主要讨论如何把党建成无产阶级政党、如何使军队建成新型人民军队的问题。会上最为重要的成果是明确了思想政治教育的重要性,开创了党和军队思想和政治工作的一整套制度,开启了我军思想上建党和政治上建军的优良传统。《古田会议决议》特别重视对青年人的思想政治教育,对青年士兵的教育提出了具体要求:第一,编辑各种青年士兵的小册子;第二,设立各种学习班、训练班,组织青年士兵读书看报;第三,纵队为单位各级书、宣、组、联席会,适当地分配党员参加实际工作等。
④ 习近平:《在颁发"中国人民抗日战争胜利70周年"纪念章仪式上的讲话》,2015年9月2日,http://cpc.people.com.cn/n/2015/0902/c64094-27542514.html?ol4f 。

岩精神、西柏坡精神、抗美援朝精神、红旗渠精神等。中国共产党领导中国人民在革命和建设的过程中克服重重困难，取得了新民主主义革命的胜利，成立了中华人民共和国，并逐步取得了社会主义建设的胜利。抗日战争时期，中国共产党领导中国人民进行了艰辛的探索，在红色精神的培育和发展中取得了辉煌的成就，如为了解决抗战中出现的物质资料短缺困难，中国共产党领导八路军自力更生、艰苦奋斗，解决了粮食、棉布等物资的自给问题。1941 年 3 月，八路军三五九旅进驻作为陕甘宁边区南大门的南泥湾，在那里开荒种地发展生产，保障了当地军民的粮食和衣服等生活必需品的供给。三五九旅进驻前的南泥湾是荆棘遍野、人烟稀少的地方，条件非常艰苦。但是，在旅长王震领导下的三五九旅克服重重困难，在非常艰难的情况下，通过军民的不懈努力，实现了对南泥湾荒山的彻底改造，昔日的荒滩变成了陕北的好江南。南泥湾的军民在开荒种地发展生产过程中展现了昂扬向上的精神风貌，发扬了自力更生、艰苦奋斗的优良传统，克服了重重困难，创造了辉煌的成就。南泥湾精神展示了中国共产党领导八路军艰苦朴素、扎实肯干的作风，在艰苦的环境中，战士们充分展现了中华民族吃苦耐劳、勤劳勇敢、勇于担当的品格，发扬了勤俭的精神，坚持改造自然与爱护自然相结合的原则，在对南泥湾进行开发的过程中既保护了当地的环境，也发展了生产，实现了自给自足。

改革开放以后，中国共产党将红色精神和社会主义建设相结合，既提倡爱国主义精神，也结合改革创新的需要凝练出一系列新的红色精神。例如，塞罕坝精神体现出艰苦创业、科学求实、牢记使命、绿色发展的精神，坚守了人与自然的和谐。管子云："山林虽广，草木虽美，禁发必有时；国虽充盈，金玉虽多，宫室必有度；江海虽广，池泽虽博，鱼鳖虽多，网罟必有正，船网不可一财而成也。非私草木、爱鱼鳖也，恶废民于生谷也。故曰，先王之禁山泽之作者，博民于生谷也。"[①]中国古代有着丰富的生态保护思想，主张人与自然和谐相处，倡导粮食生产、渔业生产与保护生态和谐并重的理念。在塞罕坝精神将这种爱物精神发挥到极致，通过多年的艰苦奋斗和持之以恒的艰苦耕耘，辛勤的塞罕坝人为承德地区造出了万亩森林，极大改善了当地的生态环境，为后世子孙留下了丰富的物质财富和精神财富。红色精神继承和发展了中华优秀传统文化中的勤劳勇敢、自强不息的精神，坚持了自力更生、艰苦奋斗的精神，也坚守了保护环境、营造绿色生态的责任，中国共产党的红色精神也体现了中国人民爱护自然、重建生态的环保意识和使命担当。

红色精神是在中国共产党领导中国人民独立探索中国革命道路过程中展现出来的，是马克思主义中国化的成果，红色精神作为一种开放的体系，不断融合社

---

① 罗国杰主编：《中国传统道德》，中国人民大学出版社 1995 年版，第 87 页。

会主义先进文化的丰富内涵得以向前发展。红色精神包括新民主主义革命时期、社会主义革命和建设时期，以及改革开放与社会主义现代化建设新时期的红色精神，体现出红色精神是一种开放的、发展的精神样态，是激励广大人民为实现中华民族伟大复兴中国梦而奋斗的重要精神力量。中国共产党领导中国人民进行革命和建设中，勇于吸收外来的先进思想，探索中国革命和建设的新道路，这符合马克思主义的要求。马克思和恩格斯发表的《共产党宣言》标志着世界社会主义思想从空想变成科学，但是在共产主义成为一种科学理论的时候，世界上仍然缺乏社会主义的成功实践，直到1917年俄国十月革命的胜利。俄国十月革命给艰苦探索的中国人民送来了马克思主义，俄国十月革命的成功激励了中国的革命者，其革命斗争实践的经验为中国革命提供了参照。俄国十月革命胜利以前，中国的仁人志士也一直在探索中国革命和建设的道路，他们中有的人在苏联、日本接受了共产主义思想后，将其带回中国，1906年资产阶级民主革命家朱执信在《民报》上发表的《德意志社会革命家小传》中介绍了马克思和恩格斯的生平及《共产党宣言》的要点和十大纲领。1921年5月，陈望道翻译的《共产党宣言》是《共产党宣言》的第一个译本。1921年8月，陈独秀将《共产党宣言》在上海社会主义研究社出版，并由新青年社发行。在共产主义思想传入中国、在中国传播的同时，中国先后诞生了五四精神、红船精神等，这些都是中国共产主义积极分子在对中国道路的探索过程中体验和凝练出来的，是中国共产党探索中国革命道路的首创精神的集中体现。红船精神的基本内涵是开天辟地、敢为人先的首创精神，坚定理想、百折不挠的奋斗精神，立党为公、忠诚为民的奉献精神。红船精神创立后，中国共产党对红色精神的创建和发展，经历了不同的阶段，红色精神伴随着中国共产党革命和建设的伟大实践而不断丰富与发展，红色精神的发展历程体现了中国共产党对中国革命和建设道路的成功探索。

三、凝聚红色精神发展红色文化

中国共产党领导中国人民进行革命和建设，走出了一条具有中国特色的社会主义道路，在中国共产党领导下，中国人民对革命前途充满了胜利的信心，中国共产党领导中国人民对革命和建设的探索是艰辛曲折的，无论是革命根据地的建设还是红军长征的进行，都是中国共产党领导下探索革命新道路的过程，这期间没有现成的历史经验可以参考，也没有既定的现实经验可以遵循，因此中国革命和建设道路的探索及其精髓凝结为红色精神，体现了中国共产党开放的胸怀和开拓进取的精神。鲁迅先生曾说，世界本没有路，走的人多了也便成了路。红色精神发展的轨迹，正是中国革命和建设道路开辟的轨迹，中国共产党红色精神正是中国革命和建设道路探索经验的精华凝结，体现了中国共产党领导中国革命和建设的责任与担当。

中国共产党红色精神的发展是伴随着中国革命道路的探索过程展开的。五四运动以来，中国共产党领导中国人民经历了新民主主义革命时期、社会主义革命和建设时期、改革开放与社会主义现代化建设新时期，探索出了中国特色社会主义道路，凝练出了中国共产党的诸种红色精神，体现出中国共产党人的无私、无畏、奉献牺牲的精神和对中国人民的强烈责任感，红色精神作为一种激励广大人民团结一心、奋勇前进、开拓进取、锐意创新的思想成果，是伟大的精神财富，在新民主主义革命时期和社会主义革命和建设时期，体现出了与时俱进的特征。

中国共产党领导中国革命和建设的历史是中国共产党独立自主探索中国革命和建设道路的历史，红色精神凝练着中国共产党独立思考和探索的精神，红色精神的发展过程是中国共产党在世界社会主义革命的影响下，对中国革命独立探索的经验总结，是马克思主义中国化的成果。红色精神自诞生起就不断丰富和发展，无论是红船精神、井冈山精神、古田会议精神、遵义会议精神、长征精神、延安精神、抗战精神、南泥湾精神、沂蒙精神、苏区精神、吕梁精神、太行精神、西柏坡精神，还是红旗渠精神、大庆精神、北大荒精神、塞罕坝精神、张家港精神、"两弹一星"精神、载人航天精神等，都体现了中国共产党领导中国人民对革命和建设探索的勇气与决心，中国共产党领导中国革命和建设取得了辉煌的成绩，也探索出了一条不同于苏联和东欧等其他国家的社会主义道路。从马克思主义创立之初到国际共产主义运动的实践，世界各国人民对于社会主义仍然是缺乏认识的，作为国际社会主义运动的一部分，中国革命和建设及改革的历程一直保持着中国的独特性，中国为世界各国对社会主义道路的探索提交了中国答卷，中国共产党领导中国革命、建设和改革的过程中，既体现了对世界社会主义理论的继承，根据中国现实情况进行探索，又对世界社会主义理论进行了发展，中国共产党领导中国人民进行革命和建设与改革过程中形成的红色精神闪耀着探索、开放、创新的思想光辉。

红色精神是中国共产党领导中国人民进行马克思主义中国化道路探索的智慧结晶，体现了对马克思主义理论的继承和发展，是中国化的马克思主义，从红色精神的来源和发展来看，红色精神具有国际性、本土性和创新性。"发展中国特色社会主义文化，就是以马克思主义为指导，坚守中华文化立场，立足当代中国现实，结合当代时代条件，发展面向现代化、面向世界、面向未来的，民族的科学的大众的社会主义文化，推动社会主义精神文明和物质文明协调发展。要坚持为人民服务、为社会主义服务，坚持百花齐放、百家争鸣，坚持创造性转化、创新性发展，不断铸就中华文化新辉煌。"①

---

① 习近平：《决胜全面建成小康社会 夺取新时代中国特色社会主义伟大胜利——在中国共产党第十九次全国代表大会上的报告》，人民出版社 2017 年版，第 41 页。

中国特色社会主义进入新时代，红色精神焕发出新的光彩。红色精神以中华优秀传统文化为支撑，是一个包容的开放的体系，是不断创新、发展、完善的精神财富。中国特色社会主义进入新时代后，红色精神有着更为丰富的内容，也发展出新的内涵。

第二节 红色精神的发展脉络

中华民族是一个重精神的民族，在中华民族改造自然的历史长河中，中国人在与外界交往、交流、交锋中创造了丰富的物质财富和灿烂的中国文明，也不断升华着民族精神。中国共产党红色精神的孕育和发展呈现出阶段性特征。红色精神的产生是时代的需要，"伟大时代呼唤伟大精神，崇高事业需要榜样引领"[1]。中国共产党领导中国人民进行革命和建设探索的过程，也正是红色精神逐渐丰富和发展的过程。

一、新民主主义革命时期

新民主主义革命时期，中国共产党领导中国人民反对帝国主义和封建主义进行了艰苦卓绝的斗争。中国共产党领导中国人民在争取国家富强、民族振兴、人民幸福的奋斗历程中，把马克思主义基本原理和中国革命的具体实际相结合，领导新民主主义革命实践和社会主义建设，坚持理论与时代现实相结合，实现了红色精神与时俱进的发展。中国共产党领导中国人民进行新民主主义革命和社会主义革命和建设的过程中，培育了一系列红色精神。习近平同志在中国共产党第十九次全国代表大会上提出大会的使命是"不忘初心，牢记使命"，中国共产党红色精神的发展历史也正体现了这一宗旨，中国共产党领导中国人民进行革命和建设，其最终目的是实现国家富强和人民幸福，实现中华民族的伟大复兴，发展经济的目的是改善人民群众的生活质量，提升人民群众的获得感、幸福感、安全感，实现人的全面自由的发展。

五四运动的爆发，掀起了中国新民主主义革命的新篇章。1919年1月18日，第一次世界大战结束后协约国在法国巴黎召开和平会议，讨论处理第一次世界大战战后的世界问题，中国政府作为战胜国派出代表出席了会议，向大会提出的合理要求为：收回德国在山东的各种特权，但是协约国各方代表无视中国的合理要求，打算将德国在山东的特权移交给日本。中国在巴黎和会上外交失败的消息传到了国内，激起了民众的愤怒，5月4日下午，北京大学等13所学校的3000多

---

[1] 习近平：《习近平谈治国理政》，外文出版社2014年版，第159页。

名学生在天安门前集会，高呼"还我青岛""取消二十一条""外争国权，内惩国贼""拒绝合约签字"等口号，遭到反动军阀政府镇压，军阀政府派军警逮捕了32名学生。5月5日，北京专科以上学校学生正式成立联合会，学生的爱国运动开始有组织地开展。天津、上海、长沙、广州等地的社会各界人士纷纷游行或发出通电声援北京的学生。海外华侨和留学生也行动起来，抗议军阀政府的暴行。5月7日，军阀政府被迫释放了被捕的学生，但拒绝答复学生的爱国要求。5月19日，北京大中学校学生再次举行联合总罢课并组织演讲。6月3日和4日，军阀政府逮捕800多名学生，这激发了全国人民更为强烈的反抗斗争，天津、杭州等地的工人纷纷组织罢工和示威游行，上海等城市的商人进行了罢市，工人罢工、学生罢课、商人罢市迅速扩展到全国，面对全国掀起的斗争浪潮，军阀政府不得不释放被捕的学生，撤销了曹汝霖、陆宗舆、章宗祥的职务，五四运动取得了巨大的胜利。五四运动是一场反帝反封建的爱国群众运动，在五四运动中中国工人阶级开始登上历史舞台，而运动中陈独秀、李大钊、毛泽东、周恩来、邓中夏等具有初步共产主义思想的知识分子也成为工人运动中的主导力量，他们在工人中宣传马克思主义，将马克思主义与中国工人运动结合起来，为中国共产党的成立作了思想上和组织上的准备。五四运动以后，中国工人阶级的力量大大壮大，1921年7月中国共产党的成立，表明中国工人阶级已经成熟起来。马克思主义在中国广泛传播，中国先进知识分子的世界观也逐渐发生改变。

五四运动后，中国先进知识分子加大了对马克思主义的宣传，全国各地纷纷成立马克思主义研究会，1920年8月《共产党宣言》第一个中文全译本问世，1920年11月《共产党》月刊创办，1920年11月中国共产党上海发起组制定的重要文件《中国共产党宣言》问世，随后北京、长沙、上海、武汉等地纷纷成立共产党组织，1921年7月23日中国共产党第一次全国代表大会在上海法租界望志路106号（现为兴业路76号）秘密召开，共产国际代表马林、尼柯尔斯基出席会议并发言，出席会议的代表有13人，包括李达、李汉俊、张国焘、刘仁静、毛泽东、何叔衡、董必武、陈潭秋、王尽美、邓恩铭、陈公博、周佛海、包惠僧，7月30日因为受到租界密探的干扰，7月31日会议转到了嘉兴南湖一条游船上继续进行，会议选举陈独秀、张国焘、李达组成中央局，陈独秀任书记，张国焘负责组织工作，李达负责宣传工作。中国共产党第一次全国代表大会的召开，标志着中国共产党的正式成立。

中国共产党的成立凝聚了红船精神，2017年10月31日习近平同志带领中共中央政治局常委参观了上海党的一大会址和浙江南湖红船，探寻中国共产党的精神密码，习近平同志强调："上海党的一大会址、嘉兴南湖红船是我们党梦想起航的地方。我们党从这里诞生，从这里出征，从这里走向全国执政。这里是我们党的根脉。"①随后的革命战争年代逐渐形成了井冈山精神、长征精神、抗战精神等。

中国共产党领导的早期农民运动，包括萧山衙前村的农民运动、广东海丰的农民运动、湖南衡山岳北白果地区的农民运动，这些运动虽然遭到了军阀政府的镇压，但是为农民运动的进一步发展积累了经验，毛泽东领导的湖南农民运动成为全国农民运动的中心，广西、江苏、山东、河南、安徽等许多地区的农民运动也开始兴起。1927年，随着蒋介石、汪精卫先后叛变革命，导致革命统一战线破裂，第一次国内革命战争失败。1927年8月1日，南昌起义打响了武装反抗国民党反动派的第一枪。第一次国内革命战争失败后，在关系党和革命事业前途与命运的关键时刻，1927年8月7日中共中央紧急召开八七会议，通过了《中国共产党中央执行委员会告全党党员书》等议案，在中国革命紧要关头及时地向党和全国人民指明了斗争方向，毛泽东提出了"枪杆子里面出政权"的著名论断。其后，毛泽东领导了秋收起义，张太雷等领导了广州起义，随后毛泽东率领起义部队于10月上旬到达井冈山并创建了井冈山革命根据地，1927年9月29日毛泽东率领秋收起义部队到达江西永新县三湾村，对部队进行了改编。主要内容是：第一，资遣一部分不愿留队的人员，部队缩编为1个团，称工农革命军第一军第一师第一团；第二，在部队中建立党的组织，做到连有支部，营团有党委，连以上设党代表；第三，规定长官不打士兵，官兵待遇平等，建立士兵委员会，参加部队的管理，协助进行政治工作和群众工作。毛泽东领导的井冈山工农革命，认识到了中国革命的发展规律，开辟了一条农村包围城市，最后夺取全国胜利的革命道路，是以毛泽东为代表的中国共产党人在领导中国革命实践中逐步摸索出来的一条具有中国特色的发展道路和总策略。从1927年10月毛泽东到达井冈山创建井冈山革命根据地，到第五次反"围剿"的失利红军被迫长征，红军在井冈山地区培育了井冈山精神，井冈山精神强调坚持坚定信念、艰苦奋斗、实事求是、敢创新路、依靠群众，井冈山军民坚守坚定不移的革命理想和信念，坚持不畏艰难的奋斗精神，体现了中国共产党领导下井冈山军民大无畏的精神，毛泽东在井冈山领导全体军民不畏艰险，坚持斗争，勇夺胜利，探索了中国革命、军队建设和武装斗争的新路。在井冈山斗争时期，毛泽东提出了"没有调查就没有发言权"的论断，他重视调查研究，坚持一切从实际出发，进行充分调查，经过实践证明的结论才是可靠的。他指出："我们说马克思主义是对的，决不是因为马克思这个人是什么'先哲'，而是因为他的理论，在我们的实践中，在我们的斗争中，证明了是对的。我们的斗争需要马克思主义。"②毛泽东在《反对本本主义》中，明确表达了实事

---

① 习近平：《习近平：上海党的一大会址、嘉兴南湖红船是我们党梦想起航的地方》，2017年11月1日，https://www.sohu.com/a/201553433_99910418。

② 《毛泽东选集》第1卷，人民出版社1991年版，第111页。

求是、群众路线、独立自主的基本观点。井冈山的革命斗争虽然艰苦，但军民团结一致，大家斗志昂扬地克服了各种艰难险阻。1929年12月28日至29日，红四军党的第九次代表大会在福建省上杭古田召开，毛泽东在会上作了政治报告，大会通过了《古田会议决议案》，选出了毛泽东、朱德、陈毅、罗荣桓等11人为红四军前委委员，毛泽东当选前委书记。《中国共产党红军第四军第九次代表大会决议案》规定了红军的性质、宗旨和任务，进一步确立了党对军队绝对领导的原则，强调了加强政治工作的重要性，深刻论述了党的思想建设原则，阐述了党的组织建设原则，明确提出了"厉行集中领导下的民主生活"的重要性，阐述了党的基层组织建设的重要原则，强调要重视党支部作风。古田会议使红军纠正了党内的错误思想，确立了"在游击区域建立红色政权"的观念。"古田会议精神表现了党领导人民浴血奋战的历史，代表着对革命和建设时期形成的优良传统的继承和发展，渗透着人民对美好生活的追求和向往，其所表现出的激情、乐观和催人奋发的文化精神，是激励当代大学生奋发图强的精神动力。"①古田会议精神奠定了我军思想政治教育的基础，保证了我党我军的无产阶级的先进性，为青年人指明了前进的方向。

土地革命时期形成了伟大的苏区精神："习近平同志指出，在革命根据地的创建和发展中，在建立红色政权、探索革命道路的实践中，无数革命先辈用鲜血和生命铸就了以坚定信念、求真务实、一心为民、清正廉洁、艰苦奋斗、争创一流、无私奉献等为主要内涵的苏区精神。"②苏区精神继承和发展了井冈山精神，体现了中国共产党人和革命人民的先进性，凝聚了中国共产党执政的初始经验，为中国共产党的建设积累了丰富的经验。

1934年10月至1936年10月红军开始长征，在长征途中，红军冲破国民党军队的围追堵截，跨越雪山草地，战胜党内分裂主义的危险、经受饥寒交迫的磨炼，体现了革命英雄主义精神。红军完成了跨越十几个省、总行程几万里的长征，留给了当代人们宝贵的精神财富。长征途中红军指战员体现了坚定的共产主义理想和革命必胜的信念，艰苦奋斗、勇往直前。1935年1月，红军长征到达贵州遵义，并于1935年1月15日至17日召开了遵义会议。会议重新确立了毛泽东的领导地位，是中国共产党历史上一个生死攸关的转折点。

长征是中国共产党伟大的革命创举，毛泽东同志给予长征的评价是宣言书、宣传队和播种机。长征体现了中国军民的革命英雄主义精神和大无畏的革命气概。习近平同志也对长征精神给予了高度的评价，他指出中国共产党人和红军战士用

---

① 谢彪：《红色精神对新时期高校思想政治教育的价值及其运用——以古田会议精神为中心的讨论》，《福建师大福清分校学报》2016年第2期，第85页。

② 新时代学习工作室：《精神的力量！习近平谈中国共产党人的初心》，2019年6月17日，http://cpc.people.com.cn/n1/2019/0617/c164113-31156230.html。

生命与鲜血铸就了伟大的长征精神,"伟大长征精神,就是把全国人民和中华民族的根本利益看得高于一切,坚定革命的理想和信念,坚信正义事业必然胜利的精神;就是为了救国救民,不怕任何艰难险阻,不惜付出一切牺牲的精神;就是坚持独立自主、实事求是,一切从实际出发的精神;就是顾全大局、严守纪律、紧密团结的精神;就是紧紧依靠人民群众,同人民群众生死相依、患难与共、艰苦奋斗的精神"①。

长征中红军指战员发扬了革命乐观主义精神、团结友爱的精神,中国共产党及其所领导的人民军队在长征中彰显出了巨大的力量,这是支撑中国革命取得成功的重要的精神力量,"人无精神则不立,国无精神则不强。精神是一个民族赖以长久生存的灵魂,唯有精神上达到一定的高度,这个民族才能在历史的洪流中屹立不倒、奋勇向前。伟大长征精神,作为中国共产党人红色基因和精神族谱的重要组成部分,已经深深融入中华民族的血脉和灵魂,成为社会主义核心价值观的丰富滋养,成为鼓舞和激励中国人民不断攻坚克难、从胜利走向胜利的强大精神动力"②。

1937年7月7日,日军进攻卢沟桥,抗日战争全面爆发,最终促成了抗日民族统一战线的建立,为抗日战争的胜利奠定了坚实的政治基础。抗日战争时期,中国共产党在国家面临危亡的紧急关头担负起抵抗日本侵略者的重任,为打倒日本帝国主义实现民族独立和国家富强,共产党领导八路军与新四军在军事上坚持抗战,在思想上加强建设,如毛泽东出版发行《实践论》《矛盾论》,全面而系统地阐述辩证唯物主义认识论的基本原则,阐述了马克思主义的实践性。毛泽东强调运用唯物辩证法,反对教条主义和经验主义的错误思想"改造客观世界,也改造自己的主观世界——改造自己的认识能力,改造主观世界同客观世界的关系"③。1937年8月22日至25日中共中央在陕西省洛川县城北冯家村召开了洛川会议,会议通过了《关于目前形势与党的任务决定》,提出了必须坚持抗日民族统一战线中的独立自主原则,实行党对抗战的领导,依靠人民群众,实行全面抗战。

1937年9月6日,中国共产党根据国共两党协议,将陕甘宁革命根据地的苏维埃改名为陕甘宁边区政府,中国共产党在陕甘宁边区团结一切抗日力量共同抗战,团结、进步、廉洁成为陕甘宁边区的突出特点,"陕甘宁边区是全国最进步的地方,这里是民主的抗日根据地。这里一没有贪官污吏,二没有土豪劣绅,三没有赌博,四没有娼妓,五没有小老婆,六没有叫化子,七没有结党营私之徒,八没有萎靡不振之气,九没有人吃磨擦饭,十没有人发国难财"④。陕甘宁边区是国民党政府管辖的一个地方政权组织,也是中国共产党局部执政的新民主主义性

---

① 习近平:《习近平谈治国理政》第2卷,外文出版社2017年版,第47页。
② 习近平:《习近平谈治国理政》第2卷,外文出版社2017年版,第47—48页。
③ 《毛泽东选集》第1卷,人民出版社1991年版,第296页。
④ 《毛泽东选集》第2卷,人民出版社1991年版,第718页。

质的政权,在陕甘宁边区中国共产党实行了"三三制"、减租减息政策和精兵简政政策,组织了大生产运动,民主和廉政建设成绩显著。陕甘宁边区全体人民为争取抗战胜利齐心协力,中国共产党勇敢担当起民族救亡的历史责任,孕育和发展了伟大的延安精神。中国共产党在延安时期高度重视对青年的培养,毛泽东鼓励青年成为革命的中坚力量,"延安的青年运动是全国青年运动的模范。延安青年运动的方向,就是全国的青年运动的方向。为什么?因为延安的青年运动的方向是正确的。你们看,在统一方面,延安的青年们不但做了,而且做得很好。延安的青年们是团结的,是统一的"①。毛泽东高度重视对青年运动的引导,并多次强调共产党员应该加强自身修养,成为引领革命的先锋,还应培养高尚的共产主义精神,"共产党员在政府工作中,应该是十分廉洁、不用私人,多做工作,少取报酬的模范。共产党员在民众运动中,应该是民众的朋友,而不是民众的上司,是诲人不倦的教师,而不是官僚主义的政客。共产党员无论何时何地都不应以个人利益放在第一位,而应以个人利益服从于民族的和人民群众的利益"②。毛泽东指出:"共产党员应是实事求是的模范,又是具有远见卓识的模范。因为只有实事求是,才能完成确定的任务;只有远见卓识,才能不失前进的方向。"③毛泽东提倡共产党员应该培养大公无私、积极努力、克己奉公、埋头苦干的精神,在白求恩大夫牺牲后,毛泽东提出共产党员要学习白求恩,做毫不利己、专门利人的人,做有利于人民的人,"我们大家要学习他毫无自私自利之心的精神。从这点出发,就可以变为大有利于人民的人。一个人能力有大小,但只要有这点精神,就是一个高尚的人,一个纯粹的人,一个有道德的人,一个脱离了低级趣味的人,一个有益于人民的人"④。

中国共产党在延安时期注重对青年的教育和共产党员的培养,延安最终成为中国的红色首都和精神高地,抗战中中国共产党人以强烈的时代担当精神抗击日本侵略者的进攻,联合世界各国人民取得了反法西斯战争的胜利,中国共产党得到了最广大人民群众的支持和拥护,探索出了符合中国国情的道路,形成了伟大的延安精神。

抗日战争胜利后,中国共产党为和平建国作出了艰辛努力,一方面他们力图通过和平途径来建立一个独立、民主、富强的国家,另一方面针对国民党企图抢夺抗战胜利果实的行为,也给予了有力的回击。经过1946年至1949年的人民解放战争,中国共产党领导人民军队取得了辽沈战役、淮海战役、平津战役的胜利。1948年5月26日,中国共产党中央、中国人民解放军总部移驻西柏坡,在平山

---

① 《毛泽东选集》第2卷,人民出版社1991年版,第568页。
② 《毛泽东选集》第2卷,人民出版社1991年版,第522页。
③ 《毛泽东选集》第2卷,人民出版社1991年版,第522页。
④ 《毛泽东选集》第2卷,人民出版社1991年版,第660页。

县培育了伟大的西柏坡精神。1949年3月5日至13日中共中央召开了七届二中全会,中共中央在西柏坡期间,对中华人民共和国成立作了理论的准备,"从一九二七年到现在,我们的工作重点是在乡村,在乡村积聚力量,用乡村包围城市,然后取得城市,采取这样一种工作方式的时期现在已经完结。从现在起,开始了由城市到乡村并由城市领导乡村的时期,党的工作重心由乡村移到城市"①。毛泽东同志在七届二中全会上警示全党,针对:"党内的骄傲情绪,以功臣自居的情绪,停顿起来不求进步的情绪,贪图享乐不愿过艰苦生活的情绪"②,强调"务必使同志们继续地保持谦虚、谨慎、不骄、不躁的作风,务必使同志们继续地保持艰苦奋斗的作风"③。"两个务必"思想是西柏坡精神的核心。

1919年至1949年,中国共产党领导中国人民取得了新民主主义革命的胜利,中国共产党坚持从实际出发,实事求是,带领中国人民探索出了一条革命和建设的新路,中国共产党领导中国人民培育了红船精神、井冈山精神、苏区精神、长征精神、遵义会议精神、延安精神、抗战精神、沂蒙精神、西柏坡精神等,丰富了红色精神的内容。

二、社会主义革命和建设时期

1949年10月1日中华人民共和国成立,中国历史进入新纪元。为改变当时一穷二白的面貌,中国共产党带领中国人民进行了艰苦卓绝的努力,实现了从新民主主义革命到社会主义革命的转变,建立起了社会主义的基本制度,进行了社会主义建设,在对社会主义革命和建设进行艰辛探索的过程中,形成了以雷锋精神、焦裕禄精神、大庆精神、"两弹一星"精神、载人航天精神为主的中国精神。

雷锋精神以全心全意为人民服务和无私奉献精神为基本内涵,是在实践中不断丰富和发展着的革命精神。1963年3月5日,《人民日报》发表毛泽东"向雷锋同志学习"的题词,周恩来将雷锋精神概括为"爱憎分明的阶级立场、言行一致的革命精神、公而忘私的共产主义风格、奋不顾身的无产阶级斗志"④。雷锋虽是一个平凡的士兵,但是因为创造了不平凡的事迹,在中华大地树立起了一座不朽的道德丰碑。雷锋具有坚定的共产主义信念,对党忠诚、对国家忠诚、对人民充满了奉献精神,他在日记中写道:"从参加革命那天起,就时刻准备着为了党和阶级的最高利益牺牲个人的一切,直至宝贵的生命。"⑤雷锋精神体现在对党、对祖国和对社会主义的无限热爱,以及对祖国的无限忠诚,这使他能坚持几年如

---

① 张志平主编:《中共中央在西柏坡文献选编》,河北教育出版社1996年版,第322页。
② 《毛泽东选集》第4卷,人民出版社1991年版,第1438页。
③ 《毛泽东选集》第4卷,人民出版社1991年版,第1438页。
④ 冯雨:《周恩来这样概括雷锋精神》,《解放军报》2019年3月1日。
⑤ 红旗出版社编辑部编:《雷锋精神》,红旗出版社2012年版,第49页。

一日的服务人民群众，他全心全意为人民服务的精神和全心全意为人民服务的事迹超越时代影响了几代人，"共产党所以能够领导人民群众，正因为而且仅仅因为，它是人民群众的全心全意的服务者，它反映了人民群众的利益和意志，并努力帮助人民群众组织起来，为自己的利益和意志斗争"①。雷锋精神体现了严于律己、宽以待人的精神，雷锋严格要求自己，为全体人民树立起了爱岗敬业、锐意进取、自强不息的典范。雷锋精神是社会主义时代精神的代表，弘扬雷锋精神有助于培育和践行社会主义核心价值观，习近平同志高度重视雷锋精神，强调要把雷锋精神传承下去，他在给"郭明义爱心团队"回信中指出："雷锋精神，人人可学；奉献爱心，处处可为。积小善为大善，善莫大焉。"②

雷锋精神既是雷锋个人高贵品质的体现，也是一个群体在中华人民共和国成立以后为中国建设群策群力的体现。雷锋精神是开放、包容不断发展的，在新的历史条件下，雷锋精神体现出新的内涵，"雷锋身上体现出的爱党爱国、助人为乐、敬业奉献、锐意创新、艰苦奋斗的崇高精神和高尚品格，是党和人民极为宝贵的精神财富，是以爱国主义为核心的民族精神和以改革创新为核心的时代精神的重要组成部分，是建设社会主义核心价值体系的丰富精神资源"③。在新的历史条件下弘扬雷锋精神，有助于激励全国各族人民开创中国特色社会主义新局面，雷锋精神是实现中华民族伟大复兴的强大精神力量。

1962 年，焦裕禄来到内涝、风沙、盐碱等"三害"肆虐的河南兰考担任县委书记，带领全县人民奋力改变兰考的贫困面貌。1964 年 5 月 14 日，焦裕禄同志积劳成疾，累倒在工作岗位上，年仅 42 岁。在兰考，焦裕禄以其廉洁、勤政、严于律己、宽厚待人的事迹塑造了伟大的焦裕禄精神。习近平指出："我一直认为，焦裕禄同志为县委书记树立了榜样。……每每踏上兰考的土地，我的心情都很激动。焦裕禄同志以自己的实际行动塑造了一个优秀共产党员和优秀县委书记的光辉形象。做县委书记，就要做焦裕禄式的县委书记。"④焦裕禄精神蕴含着中华优秀传统文化的精华，"自强不息的刚健精神、崇尚气节的爱国精神""经世致用的救世精神、人定胜天的能动精神""民贵君轻的民本精神、厚德仁民的人道精神""大公无私的群体精神、勤谨睿智的创造精神"⑤。2009 年 4 月，在河南调研的习近平专程到兰考县焦裕禄纪念园拜谒焦陵，并指出焦裕禄精神为心系群众、为民尽责的公仆精神；勤俭节约、艰苦奋斗的创业精神；一切从实际出发、实事求是的求实精神；攻坚克难、不惧奉献的大无畏精神；勤政为民、廉洁奉公的奉献精神。2014 年 3 月，习

---

① 红旗出版社编辑部编：《雷锋精神》，红旗出版社 2012 年版，第 71 页。
② 习近平：《习近平总书记给"郭明义爱心团队"的回信》，《人民日报》2014 年 3 月 5 日，第 1 版。
③ 红旗出版社编辑部编：《雷锋精神》，红旗出版社 2012 年版，第 15 页。
④ 习近平：《做焦裕禄式的县委书记》，《学习时报》2015 年 9 月 7 日。
⑤ 侯永胜：《为官之德：焦裕禄精神研究》，中国水利水电出版社 2016 年版，第 92 页。

近平再次来到兰考深入阐述了焦裕禄精神:"焦裕禄同志是县委书记的榜样,也是全党的榜样,他虽然离开我们50年了,但他的事迹永远为人们传颂,他的精神同井冈山精神、延安精神、雷锋精神等革命传统和伟大精神一样,过去是、现在是、将来仍然是我们党的宝贵精神财富,我们要永远向他学习。"①

中华人民共和国成立初期百废待兴,大庆精神和铁人精神是在建设一穷二白的新中国中孕育形成的。20世纪60年代,中国被西方国家称为贫油国,此时石油工人王进喜带领1205钻井队从甘肃玉门赶到大庆,在物质极为贫乏的环境下,奋勇拼搏。他讲求科学,对待革命事业表现出当老实人、说老实话、办老实事的实干精神,他对待工作有"四严",即严格的要求、严密的组织、严肃的态度、严明的纪律,显现出求真务实的作风,王进喜以大庆人高度的主人翁责任感和求真务实的精神,带领他的团队在大庆开采出了石油。自力更生、艰苦创业是大庆精神的精髓,中华人民共和国成立初期在自然条件极为恶劣和生活条件极为艰苦的环境下,急需各种物资,大庆油田建设过程中既缺少经费也没有设备,参加大庆石油会战的工人们想方设法攻坚克难,克服常人难以想象的困难,真抓实干,显现出高度的革命热情,创造出了让世界人们惊叹的奇迹,在被西方专家定论为没有油的地方开采出了石油,大庆工人的革命风貌得以充分展现,"在艰苦创业过程中形成了生动的'六个传家宝'即人拉肩扛精神、干打垒精神、五把铁锹闹革命精神、缝补厂精神、回收队精神、修旧利废精神,以及不怕死、不怕任务重、不怕要求高、不怕时间急、不怕连轴转、不怕掉几斤肉等'不怕'精神等"②。

中华人民共和国成立初期百废待兴,开展大规模建设面临重重困难。英雄的中国人民展现出革命热情,为社会主义建设呕心沥血,雷锋、焦裕禄和王进喜等身上体现出当时社会主义新公民的责任意识和奋斗精神,他们艰苦创业、不怕牺牲,为国家的建设无私奉献。雷锋是艰苦朴素的模范,节约一针一线为社会主义建设添砖添瓦,"为了和人民群众同甘共苦,减轻人民的负担,共同克服目前的困难,我只领了一套单军服、一双新胶鞋,其他用品也少领了"③。雷锋用他的行动践行了为人民服务的诺言,"雷锋有句名言'人的生命是有限的,可是为人民服务是无限的,我要把有限的生命投入到无限的为人民服务之中去'。这是雷锋崇高的愿望。在他短暂的一生中,他无时无刻不实践自己的理想"④。雷锋身上体现出了全心全意为人民服务的崇高理想,他坚持为老百姓做好事,直至生命最后时刻,他为社会主义建设尽心尽力还体现出了无产阶级的革命乐观主义精神。

---

① 习近平:《习近平在调研指导兰考县党的群众路线教育实践活动时强调:大力学习弘扬焦裕禄精神 继续推动教育实践活动取得实效》,《人民日报》2014年3月19日,第1版。
② 渠长根:《红色文化概论》,红旗出版社2017年版,第81页。
③ 红旗出版社编辑部编:《雷锋精神》,红旗出版社2012年版,第117页。
④ 红旗出版社编辑部编:《雷锋精神》,红旗出版社2012年版,第158页。

"两弹一星"精神概括为"热爱祖国、无私奉献,自力更生、艰苦奋斗,大力协同、勇于登攀"①,展现了新中国科技工作者的爱国主义、集体主义精神,体现了科学精神。20世纪五六十年代,为了维护世界和平和国家安全,中共中央做出了研制"两弹一星"的战略决策。1964年10月16日我国第一颗原子弹爆炸成功,1966年10月2日我国第一颗装有核弹头的地地导弹飞行爆炸成功,1967年6月17日我国第一颗氢弹空爆试验成功,1970年4月24日我国第一颗人造卫星发射成功。1999年9月18日,王淦昌、邓稼先、钱学森等23位科学家被中共中央、国务院、中央军事委员会授予"两弹一星功勋奖章"。

在中国共产党的领导下,广大人民群众表现出对新生的社会主义国家强烈的热爱之情,对新中国的建设表现出强烈的责任感和奉献精神,雷锋精神、焦裕禄精神、大庆精神是全体人民建设社会主义的时代精神的凝聚,通过全体人民的共同努力,中国顺利渡过中华人民共和国成立初期的各种挑战,工业、农业、国防建设方面的成效明显,在中国共产党的领导下,中国军民取得了抗美援朝的胜利,取得了社会主义建设的初步胜利。中国人的平均寿命较中华人民共和国成立前有显著提高,受教育水平明显提高。经过中华人民共和国成立初期30年的建设,中国的工业、农业、国防建设方面取得了重大发展,社会主义文化建设也明显进步,为1978年后的改革开放和社会主义现代化建设奠定了必要的经济基础、制度基础和文化基础。

三、改革开放与社会主义现代化建设新时期

1978年12月18日,党的十一届三中全会召开,开启了我国改革开放与社会主义现代化建设新的历史时期。1978年5月11日《光明日报》以本报特约评论员的署名发表了《实践是检验真理的唯一标准》一文,12日《人民日报》《解放军报》全文转载,重申了实践是检验真理的唯一标准,全国绝大多数省区市和各军区的主要负责同志、各方面的干部群众,纷纷参与到真理标准的讨论中来,他们提出解放思想、实事求是的基本精神。1978年12月13日,邓小平在中共中央工作会议闭幕式上作了《解放思想,实事求是,团结一致向前看》的讲话,高度评价了关于真理标准问题大讨论,指出它是关系到党和国家前途与命运的路线问题。"解放思想,实事求是"拓展了人们的视野,解除了束缚人们的思想枷锁,为红色精神的当代发展准备了条件,1978年开始的改革开放,解放了人们的思想,开阔了人们的视野,对红色精神的培育和发展提出新要求,也开拓了红色精神发展的实践场所和历史舞台。

---

① 吉炳轩:《大力弘扬"两弹一星"精神——写在〈天地颂〉再版之际》,《人民日报》2007年4月8日,第8版。

1982年9月1日,邓小平在中共十二大开幕词中第一次提出"建设有中国特色社会主义"这一崭新命题,"把马克思主义的普遍真理同我国的具体实践结合起来,走自己的路,建设有中国特色的社会主义,这就是我们总结长期历史经验得出的基本结论"。建设有中国特色社会主义是在继承前人经验并结合中国国情进行的社会主义建设道路探索的一项创新事业,在改革开放和社会主义现代化建设中,红色精神的发展面临着新的机遇,红色精神也在当代的发展中不断适应新的社会要求得以进一步发展。改革开放以来,人们的思想价值观念和精神面貌发生了很大的变化,红色精神的继承与发展也紧跟改革开放的历史潮流,与经济发展保持一致的步调,"伴随着改革开放的实践,中国特色社会主义的民主政治、市场经济和先进文化建设大大改变了中华民族的思想视野和思维模式,激发和开启了人们开发创造精神、勤奋务实精神、探索真理精神、竞争创先精神、吸收融合精神、民主平等精神和人道博爱精神,从而使整个民族在民主精神、科学精神、竞争精神、进取精神、创新精神等一系列具有时代特色的当代社会主义建设精神上开始了新的途程"①。

"九八抗洪精神"产生于1998年夏,我国江南、华南大部分地区及北方局部地区发生了历史上罕见的特大洪水,"长江发生继1954年以来又一次全流域性大洪水,先后出现八次洪峰,宜昌以下三百六十公里江段和洞庭湖、鄱阳湖的水位,长时期超过历史最高纪录,沙市江段曾出现四十五点二二米的高水位"②。经受高水位的浸泡,一段混凝土防洪墙突然塌陷决口,在洪水即将吞噬九江城区的紧急关头,2.4万名人民解放军、武警官兵及九江市广大抗洪干部群众,在党中央、国务院、江西省委省政府及九江市委市政府的领导下战斗在抗洪抢险第一线,他们成功将决口堵住,创造了世界第三大河流上超历史高洪水位情况下成功堵口的奇迹。形成的万众一心、众志成城,不怕困难、顽强拼搏,坚忍不拔、敢于胜利的抗洪精神,体现了全体官兵舍生忘死、公而忘私的共产主义精神,全体官兵充分发扬了爱国主义、集体主义、社会主义精神,展现了国家利益至上的大局意识、不怕困难、不畏艰险的革命英雄主义精神,以及同舟共济、艰苦奋斗的传统美德等,是改革开放后中国共产党领导下广大军民创造的宝贵精神财富。

"九八抗洪精神"彰显了改革开放后中国军人的革命英雄主义精神,2003年中国医务工作者在抗击"非典"过程中体现出来的舍生忘死、前赴后继的精神,是改革开放后广大人民特别是中国医务工作者敬业、献身精神的体现。在抗击"非典"过程中,共产党员冲锋在前,体现了共产党员的高风亮节和中国医务工作者良好的政治与职业素养。改革开放以来,中国经济飞速发展的同时,人民更加需

---

① 赵存生、宇文利:《中国精神:弘扬和培育中华民族精神的理论与实践》,上海人民出版社2014年版,第191—192页。
② 《江泽民文选》第2卷,人民出版社2006年版,第223页。

要一种精神的引领,历史和现实也证明,一个伟大的民族必须有伟大的精神,没有民族精神支撑的民族,国家就难以发展和进步。在抗击"非典"的斗争中,全国上下团结一致,体现了广大人民群众不屈的精神和崇高的品格,表现出了中华民族灵魂深处的强大凝聚力。抗击"非典"精神可以表述为"万众一心,众志成城、团结互助、和衷共济、迎难而上、敢于胜利"①。

改革开放以来,中国共产党领导中国人民大力发展经济、进行经济体制改革、政治体制改革的同时大力发展中国的航天事业,在中华人民共和国成立以后就有意发展中国的航天事业,因为有一批热血青年在中华人民共和国成立后毅然放弃国外的优厚待遇回到祖国,使我国有了发展航天事业的宝贵人才。他们在中华人民共和国成立后献身于祖国的航天事业,在资金缺乏又无可借鉴技术的情况下,忘我的努力工作,在导弹研制与航天技术开发方面不断取得新的突破,推动了中国航天事业的快速发展。改革开放以后,在党中央的领导下,中国的航天事业得到了飞速发展。2003年10月16日我国自主研制的"神舟"五号载人飞船安全返回主着陆场,标志着我国载人航天事业迈上了一个新台阶。载人航天事业发展取得的辉煌成就离不开我国一批科技工作者的无私奉献和辛勤工作,他们铸就了"特别能吃苦、特别能战斗、特别能攻关、特别能奉献"的载人航天精神。载人航天精神是以爱国主义为核心的伟大民族精神和以改革创新为核心的时代精神的生动体现,是广大中国人民在中国共产党领导下进行改革开放的过程中,锐意创新、积极进取创造的伟大精神财富。

党的十八大以来,习近平同志高度重视民族精神、时代精神的培育,"根据党的十八大精神,我们明确提出要实现中华民族伟大复兴的中国梦"②。"中国梦是历史的、现实的,也是未来的。中国梦凝结着无数仁人志士的不懈努力,承载着全体中华儿女的共同向往,昭示着国家富强、民族振兴、人民幸福的美好前景。"③"中国梦是国家的、民族的,也是每一个中国人的。国家好、民族好,大家才会好。只有每个人都为美好梦想而奋斗,才能凝聚起实现中国梦的磅礴力量。"④"中国梦是我们的,更是你们青年一代的。中华民族伟大复兴将在广大青年的接力奋斗中变为现实。"⑤中国特色社会主义进入新时代,红色精神作为一个开放的体系呈现出不断发展创新的样态,红色精神在新时代将会焕发出新的光芒。新时代红色精神体现在以实现中华民族伟大复兴中国梦为目标的精神气质和结构特征。新时代红色精神体现出继承性,也体现出更强的创新

---

① 《人民日报》评论员:《迎难而上 敢于胜利》,《人民日报》2003年5月2日,第1版。
② 习近平:《习近平谈治国理政》,外文出版社2014年版,第49页。
③ 习近平:《习近平谈治国理政》,外文出版社2014年版,第49页。
④ 习近平:《习近平谈治国理政》,外文出版社2014年版,第49页。
⑤ 习近平:《习近平谈治国理政》,外文出版社2014年版,第49页。

性。中国特色社会主义进入新时代，我们面临的改革开放和社会主义建设的任务更重，前途光明、道路曲折，既要继承红色精神的精华，又要海纳百川，实现红色精神的发展，创造出体现时代特色的新时代红色精神。

第三节 红色精神的特征

红色精神是指中国共产党领导中国人民在革命、建设和改革的实践中所形成各种精神的总称，是一笔宝贵的精神财富。五四运动以来，中国共产党领导中国人民在进行革命、建设和改革的过程中积累了大量的精神财富，体现了中国人民共同的精神追求，是特定时代文化精华的凝练，反映了广大人民群众的心声，反映了广大人民群众的需求，也是继承和发扬中华优秀传统文化的产物，从源流上来看红色精神是民族性和时代性的结合，呈现先进性与稳定性样态，是引领性与群众性的统一。

一、民族性与时代性相结合

红色精神的民族性首先体现在对中华优秀传统文化的继承上，从来源方面看，红色精神吸收了中华传统文化的精华，体现了对中华优秀传统文化的继承和现代化转化。中国是世界文明古国之一，历来以礼仪之邦著称，绵延五千多年的中华优秀传统文化对人类文明的发展作出了卓越的贡献，如《易经》中就有"天行健，君子以自强不息；地势坤，君子以厚德载物"的思想，而自强不息、刚健有为也就演化为一种重要的精神激励着中国的革命者，中国的红色精神体现了这种鲜明的继承性，毛泽东指出："我们这个民族有数千年的历史，有它的特点，有它的许多珍贵品。对于这些，我们还是小学生。今天的中国是历史的中国的一个发展；我们是马克思主义的历史主义者，我们不应当割断历史。从孔夫子到孙中山，我们应当给以总结，承继这一份珍贵的遗产。"[①]红色精神的民族性还体现着广大人民的诉求，也激励广大人民参与其中。五四运动爆发的原因之一在于民众不满巴黎和会对第一次世界大战后中国山东问题的处理，其极大地损害了中华民族的利益，五四精神的孕育和发展建立在对中华传统文化的批判和继承的基础之上，体现为忧国忧民的爱国主义精神、不妥协的反帝反封建的爱国精神，体现为革命先驱者在与反动派斗争中的自强不息精神。近代以来，中国资产阶级的启蒙思想家康有为、梁启超、谭嗣同等在维新变法方面的执着追求，革命先行者孙中山为追求民族独立和国家富强所进行的艰辛革命探索，都是在不断的斗争中总结经验，经历了失败、胜利、

---

① 罗国杰主编：《毛泽东选集》第2卷，人民出版社1991年版，第533—534页。

再失败的多个反复,体现了自强不息的奋斗精神。自强不息是中国民族精神最为典型的体现,激励着后来的革命者和民众的奋进。中国早期马克思主义者受中国宋明陆王心学崇尚平等的伦理观的影响,有强烈的平等思想,李大钊、李达的论著中都突出强调了平等观念。中国共产主义早期传播者之一,中共一大代表李汉俊就多次撰文表达了历史发展不能依靠少数人的推动、决定社会历史发展的应该有体力劳动者力量的思想:"我尤其希望的,靠'脑力的劳动'生活的人,应该觉悟到我们的地位和永久的利害,是与'体力的劳动者'一样的。我们自身应该从精神上打破'智识阶级'四个字的牢狱,图'脑力劳动者'与'体力劳动者'的一致团体。并且一致努力,对于'体力劳动者'智识开发上做工夫,然后社会的改造,方才有多少的希望哩!"[①]在早期马克思主义传播的过程中,人们已经认识到了团结广大民众的重要性,李大钊在庆祝俄国十月革命胜利的著名作品《庶民的胜利》中也体现了这种思想。红色精神蕴含着丰富的平等思想和依靠民众的思想。

红色精神的发展体现了民族性与时代性的结合,通过文献分析可以发现,红色精神既体现了对中华优秀传统文化的继承和发扬,也体现了对时代现实的正确把握,注意在实践中出真知。毛泽东早年就强调实践的重要性,主张"吾们讨论各种学理,应该傍着活事件来讨论"[②]。毛泽东注重实践考察,注重调查研究,提出了"没有调查就没有发言权"的论断,体现了毛泽东对先哲们求实态度的继承和发扬,他不仅坚持实践出真知的思想,还主张身体力行地开展社会调查,更加重视理论与实践的结合。中国哲学蕴含着丰富的辩证法思想,主张对立与转化,强调变易与发展,中国古代哲学中的唯物主义思想,高度重视人民群众在历史创造中所发挥的作用,这些在红色精神中都有体现。

红色精神的孕育与发展是马克思主义中国化的产物,因此红色精神的民族性与时代性相结合体现在红色精神既继承了中华优秀传统文化中刚健自强的人生观和辩证发展的历史观,也吸收了马克思主义哲学的精华上。中华优秀传统文化中有浓厚的辩证法思想,如道家、墨家等的主张都蕴含着丰富的辩证法思想,主张对立统一和辩证发展,马克思主义在中国的早期传播中,中国马克思主义者注意从中华优秀传统文化中吸收辩证法思想,并整合吸收了西方的进化论思想,奠定了中国早期马克思主义的理论基础,也构成了中国红色精神的内核。红色精神蕴含着自强不息、刚健有为的精神,体现了进化、对立统一等辩证法理念,鼓舞着中国革命和建设中的民众奋勇向前。

红色精神的民族性与时代性的结合,表现为中国革命的领导者在探索中国特色社会主义道路时,立足中国实际并将马克思主义理论与中国实际相结合。中国

---

① 李汉俊:《最近上海的罢工风潮》,《星期评论》1919年10月26日,第21号。
② 丁晓强:《近世学风与毛泽东思想的起源》,贵州人民出版社1992年版,第162页。

革命领袖深刻了解中国民族文化的深刻内涵,了解中国广大人民群众的生活疾苦,他们有着强烈的社会责任感,为国家谋富强,为人民谋幸福。经历五四运动的洗礼,中华优秀传统文化与西方的唯物主义和民主政治理想相结合,对近代革命者影响的结果是形成了"开天辟地、敢为人先的首创精神;坚定理想、百折不挠的奋斗精神;立党为公、忠诚为民的奉献精神"[①]的红船精神,随后形成了"坚定信念、艰苦奋斗""实事求是、敢闯新路"的井冈山精神和"求真务实"的苏区精神。红色精神作为民族性与时代性相结合的产物,是中国革命的领导者在领导中国革命与建设中既注重对中华优秀文化的继承和发扬,又重视结合中国实际进行现代化转化,在创新中形成的宝贵精神财富。

红色精神的民族性与时代性的结合,体现为在民族精神的孕育和发展中打上了特定时代的烙印。五四精神是五四运动的直接产物,体现了在中国社会变革的重要转折时期民众对民族振兴和思想解放的诉求,红船精神直接见证了中国共产党的成立,井冈山精神和长征精神都与我党、我军的发展历程密切相关。雷锋精神、大庆精神形成于中华人民共和国成立以后,是在社会主义革命和建设初期孕育和发展起来的,体现了中华人民共和国成立初期社会主义建设的需要,为改善中华人民共和国成立初期一穷二白的社会状况,全体人民同心协力、努力奋斗,增强了社会主义大家庭的精神凝聚力。"九八抗洪精神"、抗震精神等则体现了中国共产党关爱人民、为人民服务的思想,体现了广大人民不怕牺牲、百折不挠的意志。在与自然灾害作斗争的过程中,越来越多的人意识到保护环境的重要性,塞罕坝精神体现了塞罕坝人献身"绿色事业"的决心,也体现出了人与自然和谐的重要性。

红色精神作为中华民族的宝贵财富不是凭空产生的,它有着明显的历史继承性,吸收了中华优秀传统文化的自强不息、刚健有为的精神,吸收了中国传统思想中以人为本、平等相处的思想,也吸收了中国古人爱护自然、保护自然的绿色环保思想。红色精神不是简单地继承和发扬中华优良传统美德,而是立足社会现实,将中国古代的优良传统美德融入时代精神,进行相应的转化。抱有扬弃的、辩证的态度继承和发扬中华优秀传统文化,结合社会现实的需要,创造出马克思主义中国化的新成果,体现了红色精神的民族性与时代性的结合。

二、先进性与稳定性相结合

红色精神具有先进性和稳定性,代表了中国先进文化的前进方向,弘扬了中华民族精神,彰显着时代的核心价值观。红色精神的先进性体现为诸种因素交融发挥作用、共同推进社会发展和进步。五四精神是在高举"民主"与"科学"两面大旗的中国先进知识分子推动下形成的,1921年中国共产党的成立更是中国历

---

① 渠长根:《红色文化概论》,红旗出版社2017年版,第54页。

史上开天辟地的大事。红色精神根植于中华民族文化的土壤中，以民族精神为底蕴，吸收中华优秀传统文化精神而不断发展。爱国主义是民族精神的核心，也是红色精神的核心，在中国共产党的领导下，广大人民群众将爱国的情感付诸行动，取得了一系列积极的成果。

红色精神的先进性与稳定性得益于其凝聚了中国共产党人的初心使命，代表了人类社会发展的前进方向，以马克思主义为指导，继承了中华优秀传统文化，奋发图强、积极探索、勇于革命、团结互助，按照马克思主义的科学世界观和方法论，引领中国人民开展社会主义革命和建设，并不断取得新的成就。红色精神的先进性与稳定性相结合体现为主体的先进性，表现为以爱国主义为核心的团结统一精神、爱好和平精神，体现出主体的勤劳勇敢和自强不息，红色精神的总体上体现出了一种积极向上的社会信念。

在中国共产党领导下，广大民众加强对民族心理的恰当把握，在弘扬民族的、科学的、大众的文化背景下，重视对民族文化的创造性转化。红色精神是对中华优秀传统文化的发展，体现为一种积极进步的精神；红色精神也是开放的、发展的体系，随着时代的进步而不断发展。在改革开放的今天，红色精神体现为在经济全球化背景下建设现代化国家的开拓创新精神。

红色精神蕴含着坚定的社会主义理想、崇高的共产主义信念。理想信念作为国家、社会未来发展的设想和目标，体现了特定人群的世界观、人生观和价值观。红色精神是中国化的马克思主义，是民族精神在近现代的新发展。红色精神形成的主体有三种：中国共产党的理论与实践、党的部分领导人，或者是党和军队的部分成员、人民解放军与人民群众。红色精神的概括主体则包括党的主要领导人提出来或着重强调概括的如红船精神，还有一些学者根据党的历史研究提出来的百色精神、沂蒙精神、北大荒精神。①

红色精神的先进性与稳定性相结合体现为以"理想信念"为方向性的引领，以实现共产主义为奋斗目标，以最广大人民群众的根本利益为出发点，以民主、团结、科学、创新、爱国、奉献为共同的价值追求，以实事求是为基本原则，这是中国改革的要求，也是对马克思主义理论的创新性转化、创造性发展。红色精神的先进性在中国革命孕育和发展中得到充分体现，协同性则体现为先进性的感染力、引导力，形成共同的行动。毛泽东提出理论联系实际、密切联系群众、批评与自我批评的三大作风，以马克思主义为指导，根据各阶段的具体情况不断丰富和发展马克思主义，以共产主义的思想体系指导中国的革命、建设和改革，创造了中国化的马克思主义。"红色精神继承丰富和发展了中华民族精神，它以爱国主义为主线，构建了忠诚爱国的民族情怀；以勤劳勇敢为基石，培育了不畏艰险、

---

① 丁德科、王昌民：《红色精神百年史述论》，《渭南师范学院学报》2016年第20期，第15—18页。

不怕牺牲的英雄气概；以自强不息为动力，铸就了刚健有为的进取精神，以全心全意为人民服务为宗旨，体现了共产主义的核心观念。"①红色精神的先进性与稳定性体现为民众对红色精神的高度认同和积极实践，体现为红色精神对马克思主义继承与发展的统一。

中国共产党领导中国革命和建设过程中，形成了红船精神、井冈山精神、苏区精神、长征精神、遵义会议精神、延安精神、抗战精神、沂蒙精神、西柏坡精神、雷锋精神、焦裕禄精神、大庆精神、红旗渠精神、"两弹一星"精神、女排精神、孔繁森精神、抗洪精神、航天精神等，红色精神的先进性体现在内涵的先进性上，它们体现了时代的核心价值，把握了时代前进的方向，红色精神是时代的精神标杆，鼓舞着人民群众的革命斗志，取得了中国革命和建设的辉煌成果，凝聚了全社会各民族同胞的力量。红色精神在中国革命、建设、改革的过程中通过不断丰富、发展和推陈出新，体现为立党为公、执政为民、全心全意为人民服务的思想，体现为一切从实际出发、实事求是的思想，体现在对知行合一传统的创新和发展上。物质世界的发展变化直接推动了红色精神的内涵丰富和发展。习近平同志重视红色精神的内涵发展，他在浙江主持工作时强调干在实处、走在前列，提出工作中应该保持昂扬向上的精神面貌，强调保持求真务实的精神。坚定保持红色精神内涵的先进性，因为"世界在变化，时代在进步，形势在发展"，必须发扬马克思主义与时俱进的品质，迎接新挑战，推进新实践，"进一步培育和弘扬遵循规律、崇尚科学的'求真'精神。'求真'就是追求真理、遵循规律、崇尚科学。'求真'，就是求理论之'真'，坚持不懈地用发展着的马克思主义最新成果武装头脑、指导实践，创造性地开展工作"②。习近平同志强调："进一步培育和弘扬真抓实干、讲求实效的'务实'精神。'务实'就是要尊重实际、注重实干、讲求实效。"③"进一步培育和弘扬诚实立身、信誉兴业的'诚信'精神。'诚信'就是重规则、守契约、讲信用、言必信、行必果。要把诚信作为现代社会文明之基，不仅要弘扬传统的'诚信'美德，更要大力推进以个人为基础、企业为重点、政府为关键的现代'信用'建设。"④"进一步培育和弘扬和美与共、和睦有序的'和谐'精神。'和谐'就是民主法治、公平正义、诚信友爱、充满活力、安定有序、人与自然和谐相处。"⑤"进一步培育和弘扬海纳百川、兼容并蓄的'开放'精神。'开放'就是全球意识、世界胸襟，就是海纳百川、兼容并蓄，以我为

---

① 丁德科、王昌民：《红色精神百年史述论》，《渭南师范学院学报》2016年第20期，第20页。
② 习近平：《干在实处 走在前列：推进浙江新发展的思考与实践》，中共中央党校出版社2006年版，第320页。
③ 习近平：《干在实处 走在前列：推进浙江新发展的思考与实践》，中共中央党校出版社2006年版，第320页。
④ 习近平：《干在实处 走在前列：推进浙江新发展的思考与实践》，中共中央党校出版社2006年版，第320—321页。
⑤ 习近平：《干在实处 走在前列：推进浙江新发展的思考与实践》，中共中央党校出版社2006年版，第321页。

发展方向，体现了中国共产党人的初心和使命，红色精神的先进内涵是红色精神引导民众的根据，以社会主义先进文化为指引，引领民众履行相应的职责，爱国守土、全心全意开展社会主义的建设，在中国共产党领导下为人民谋幸福。红色精神的群众性特征彰显了红色精神的实践环节，红色精神的引领作用、倡导作用都是通过民众的行动来体现的，红色精神是社会主义先进文化的体现，具有教化作用、引领作用，通过红色精神的引领，广大人民群众积极投身到社会主义建设过程中，投身于红色精神的实践过程中。红色精神的群众性特征就体现在通过较为广泛的群众性参与，实现红色精神传播和影响社会进步的既定目标。

第四节　新时代红色精神的发展

红色精神是中国共产党成立以来在革命、建设、改革时期积累的丰富精神财富，是一个开放的思想文化体系，其内容处于不断丰富和发展之中，红色精神的研究方法也在不断更新，新时代红色精神不仅需要融入时代新的、进步的元素，也在新的知识和理论背景之下，实现内涵的丰富，以凸显时代的特色。

一、新时代红色精神的样态

新时代红色精神要体现国家文化软实力，传播当代中国价值观念，"提高国家文化软实力，要努力传播当代中国价值观念。当代中国价值观念，就是中国特色社会主义价值观念，代表了中国先进文化的前进方向"[①]。红色精神代表了新时代中国先进文化的前进方向。新时代红色精神与实现中华民族伟大复兴的中国梦密切相关，体现了中国民众的奋斗意志和牺牲精神，中华民族团结奋斗在实现中华民族伟大复兴的中国梦之中，"中国梦的宣传和阐释，要与当代中国价值观念紧密结合起来。中国梦意味着中国人民和中华民族的价值体认和价值追求，意味着全面建成小康社会、实现中华民族伟大复兴，意味着每一个人都能在为中国梦的奋斗中实现自己的梦想，意味着中华民族团结奋斗的最大公约数，意味着中华民族为人类和平与发展做出更大贡献的真诚意愿"[②]。新时代红色精神将会更好地发挥育人功能，丰富思想政治教育的内容、创新思想政治教育的方法、提升新时代思想政治教育的效果。红色精神在新时代要体现新的内涵、新的风貌，在新时代的育人中发挥更大的作用。正如习近平同志在党的十九大报告中指出："加强思想道德建设。人民有信仰，国家有力量，民族有希望。要提高人民思想觉悟、道

[①] 习近平：《习近平谈治国理政》，外文出版社2014年版，第161页。
[②] 习近平：《习近平谈治国理政》，外文出版社2014年版，第161页。

德水平、文明素养，提高全社会文明程度。广泛开展理想信念教育，深化中国特色社会主义和中国梦宣传教育，弘扬民族精神和时代精神，加强爱国主义、集体主义、社会主义教育，引导人们树立正确的历史观、民族观、国家观、文化观。深入实施公民道德建设工程，推进社会公德、职业道德、家庭美德、个人品德建设，激励人们向上向善、孝老爱亲，忠于祖国、忠于人民。加强和改进思想政治工作，深化群众性精神文明创建活动。弘扬科学精神，普及科学知识，开展移风易俗、弘扬时代新风行动，抵制腐朽落后文化侵蚀。推进诚信建设和志愿服务制度化，强化社会责任意识、规则意识、奉献意识。"[1]中国特色社会主义进入新时代，红色精神也在不断丰富和发展自己的内容，只有这样才能与新时代社会的发展相适应。

新时代红色精神首先体现了历史传承性，红色精神与实现中华民族伟大复兴的中国梦的"三个必须"具有内在统一性，坚持世界物质第一性、意识第二性的原则，其来源于社会中国梦，并伴随着社会实践的发展而发展。中国特色社会主义进入新时代，出现了很多新的物质要素，在经济全球化和互联网高度发达的今天为实现中华民族伟大复兴的中国梦，红色精神要补充适应时代要求的元素，秉持其开放的特性，对新的内容进行吸纳，红色精神的内涵在吸纳新元素的过程中不断发展。红色精神处于一个不断发展的过程中，基于马克思主义物质决定意识的原理，根植于中国特色社会主义道路探索的伟大实践，运用马克思主义的世界观和方法论，新时代红色精神伴随马克思主义中国化的实践过程不断丰富和发展。

红色精神的发展历程就是一个内涵不断丰富和发展的历程，以独立自主、自力更生为例，在不同时期体现出了不同的内涵，"长征精神强调的独立自主，是要回答如何从实际出发探索中国革命道路；大庆精神强调独立自主，是要回答在艰苦条件下如何自主创业；而改革开放精神强调独立自主，则是要回答在对外开放和经济全球化下如何坚持中国的事情按照中国的情况来办、依靠中国人民自己的力量来办"[2]。

新时代红色精神内涵的丰富、发展与实现中华民族伟大复兴的中国梦密切相关。2012年11月，习近平带领新一届中央领导集体参观国家博物馆"复兴之路"展览时，提出了实现中华民族伟大复兴中国梦的思想。中国梦成为指引中华民族奋勇向前的重要精神力量，并丰富和发展了红色精神的内涵。新时代红色精神发展凝练为人们对于中华民族伟大复兴的中国梦的强烈追求，立足于21世纪中国的现实国情，针对经济全球化与新媒体的飞速发展的事实，对客观现实的反映表现出强烈的中国特征。新时代，在中国共产党领导下全体中国人民努力奋进，红色精神的内容随着中国人民的实践努力不断发展，坚持改革创新并融入生产力发展的新要素。

---

[1] 习近平：《决胜全面建成小康社会 夺取新时代中国特色社会主义伟大胜利——在中国共产党第十九次全国代表大会上的报告》，人民出版社2017年版，第42—43页。

[2] 黄遵斌：《论红色精神与中国梦的内在逻辑》，《求实》2014年第3期，第89—92页。

马克思认为物质决定意识，"而发展着自己的物质生产和物质交往的人们，在改变自己的这个现实的同时也改变着自己的思维和思维的产物。不是意识决定生活，而是生活决定意识"①。在中国共产党领导下，中国人民致力于实现中华民族伟大复兴的中国梦，作为广大民众实现中国梦的承载者和表现者，红色精神也呈现出新的历史风貌，是中国人民致力于实现中华民族伟大复兴中国梦的真情流露。

二、红色精神引领时代潮流

红色精神蕴含着先进理论，中国共产党以马克思列宁主义理论为基础，与中国革命和建设实际相结合，探索中国特色的革命道路、建设道路和改革道路，在吸收马克思、恩格斯、列宁、斯大林等思想精华的同时，注意结合中国的具体实际进行创造性转化，"使马克思主义在中国具体化，使之在其每一表现中带着必须有的中国的特性，即是说，按照中国的特点去应用它，成为全党亟待了解并亟须解决的问题"②。马克思主义基本原理与中国革命实际的结合，形成了毛泽东思想、邓小平理论和习近平新时代中国特色社会主义思想，日渐丰富的中国特色社会主义理论指导我国的社会主义建设实践，红色精神在广大劳动者谱写中国故事的过程中得以丰富和发展，新时代红色精神的发展丰富了红色精神的内涵，发展了的红色精神体现了鲜明的中国特色，新时代新元素的吸收使红色精神实现了对中国化马克思主义理论的丰富和发展。

没有革命的理论就没有革命的运动，中国特色社会主义进入新时代，中国特色社会主义理论实现了创新发展，推动中国改革开放取得新的成就。新时代中国特色社会主义理论丰富发展了红色精神的理论内涵，凸显了中国文化的特色，红色精神随着社会实践的发展而不断发展，显现出强烈的时代特征。在新时代新环境下，广大人民在推动红色精神发展过程中扮演着重要的角色，推动着红色精神的内容得以丰富，并通过现实的实践予以证实。中国共产党领导中国人民创立的红色精神，伴随着中国化马克思主义理论的发展，从毛泽东思想到邓小平理论、从"三个代表"重要思想到科学发展观，经历了中国改革开放的浪潮，也紧紧跟随中国改革开放的理论与实践的创新发展，"改革开放 30 多年来，从农村改革的兴起，到深圳等特区的创立，从社会主义市场经济体制的发展，到经济、政治、文化、社会、生态文明五位一体的改革创新精神激荡神州，造就了历史的巨变，成就了今天的中国，并将成就中国辉煌的明天。根据马克思主义认识论实践论观点，中国革命、建设、改革的创新实践，反复说明了，指引这一伟大实践的思想、理论、观念、文化具有先于实践、来源实践、创新实践的特性，'革命的实践离不开革命的理论'，也就是说，

---

① 《马克思恩格斯选集》第 1 卷，人民出版社 2012 年版，第 152 页。
② 《毛泽东选集》第 2 卷，人民出版社 1991 年版，第 534 页。

红色精神本身具有改革创新的活力，体现出自身特有的创新驱动特性"①。

党的十九大以来，改革进一步深化和发展，全体人民致力于实现中华民族伟大复兴的中国梦，"实现中华民族伟大复兴，就是中华民族近代以来最伟大的梦想"②。实现国家富强、民族振兴、人民幸福，使我国经济、政治、文化、社会、生态呈现良好的发展态势，而这一时段的红色精神将为民族发展凝神聚气，弘扬中华优秀传统文化，弘扬和培育民族精神，体现了新时代的需求和新时代的特点，"中国人民的理想和奋斗，中国人民的价值观和精神世界，是始终深深根植于中国优秀传统文化沃土之中的，同时又是随着历史和时代前进而不断与日俱新、与时俱进的"③。新时代红色精神更加凸显其开放的特征，不断地丰富内涵、实现发展。

新时代红色精神的发展体现了精神文化发展的可持续性，适应新时代中国特色社会主义建设的需要，体现出引领性和先进性，决定了在多元文化交织的环境中，红色精神拥有理论优势、道德优势和根植于社会现实的文化根基的强大优势，作为一个开放的精神体系，红色精神需要寻找社会的精神领域创新发展不断补充与时代相契合的精神元素，凸显新时代的需要，实现红色精神内涵的丰富与发展。红色精神的内涵在社会现实发展的推动下不断得到丰富和发展，2011年1月26日，习近平对中国科技工作者的精神进行总结，指出作为对"两弹一星"精神的发展与延续，载人航天精神体现为"特别能吃苦、特别能战斗、特别能攻关、特别能奉献"④，这是中华民族宝贵的精神财富。载人航天精神体现了中国的红色精神是一个发展中的精神体系。

新时代红色精神面临着新的发展，在习近平新时代中国特色社会主义思想指引下，广大人民群众既是红色精神的创造者，也是红色精神的传播者和接受者。新时代的人民群众需要强大的精神引领，红色精神的人民性首先体现在其代表了人民群众的利益需求，是符合人民群众利益的思想意识和价值观念，而人民群众的积极参与传播与创造，为新时代红色精神注入了新的元素，对凝聚社会共识、聚集改革的力量具有重要作用，红色精神的人民主体性要求红色精神与时俱进发展，包含丰富、立体的内容，体现新时代的理论内涵。在全面建成小康社会的过程中，红色精神要实现与时俱进的发展，红色精神永葆其先进性，是新时代的最强音，作为新时代的精气神，红色精神是时代强大的精神支柱，代表了先进生产力的发展方向，体现了强大的凝聚作用。

---

① 黄遵斌：《论红色精神与中国梦的内在逻辑》，《求实》2014年第3期，第89—92页。
② 中共中央党史和文献研究院、中央"不忘初心、牢记使命"主题教育领导小组办公室编：《习近平关于"不忘初心、牢记使命"论述摘编》，党建读物出版社、中央文献出版社2019年版，第4页。
③ 习近平：《在纪念孔子诞辰2565周年国际学术研讨会暨国际儒学联合会第五届会员大会开幕会上的讲话》，2014年9月24日，http://www.xinhuanet.com/politics/2014-09/24/c_1112612018_2.htm。
④ 佚名：《习近平亲切看望著名科学家》，《人民日报》2011年1月27日。

红色精神在理论层面与实践层面能够涵养社会主义核心价值观，习近平在概括苏区精神时就指出："在革命根据地的创建和发展中，在建立红色政权、探索革命道路的实践中，无数革命先辈用鲜血和生命铸就了以坚定信念、求真务实、一心为民、清正廉洁、艰苦奋斗、争创一流、无私奉献等为主要内涵的苏区精神。这一精神既蕴含了中国共产党人革命精神的共性，又显示了苏区时期的特色和个性，是中国共产党人政治本色和精神特质的集中体现，是中华民族精神新的升华，也是我们今天正在建设的社会主义核心价值体系的重要来源。"①

新时代红色精神涵养社会主义核心价值观需要通过相应的结构展开，"作为一种精神现象，红色精神呈现出以信仰为中心的同心圆结构，中心是马克思主义的信仰，依次为红色精神的价值观生成、红色精神的思想支撑和思维方式、红色精神的文化和情感体验。红色精神的结构体系表明，其涵养社会主义核心价值观的路径应当以红色精神的文化情感体验为基础，利用红色精神强大的情感感召力，使人们从心理和情感上推崇红色精神，深入学习马克思主义基本理论和中国特色社会主义理论成果，养成马克思主义思维方式，进入到价值观层面达成价值共识，生成对信仰的认同"②。新时代红色精神涵养社会主义核心价值观，遵循了科学的发展路径。

社会主义核心价值观是社会主义核心价值体系的核心部分，"核心价值观与核心价值体系方向一致，都体现了社会主义意识形态的本质要求，体现了社会主义制度在思想和精神层面的质的规定性，凝结着社会主义先进文化的精髓，是中国特色社会主义道路、理论体系和制度的价值表达，是实现中华民族伟大复兴中国梦的价值引领。社会主义核心价值观与核心价值体系都坚持重在建设，就是要弘扬共同理想、凝聚精神力量、建设道德风尚，都是为了形成全民族奋发向上、团结和睦的精神纽带，使我们的国家、民族、人民在思想和精神上强起来，更好地坚持中国道路、弘扬中国精神、凝聚中国力量"③。新时代红色精神的发展以马克思主义理论为基础，随着改革开放的深入推进，反映时代的社会价值观念和人们的行为动机的变化。中国特色社会主义进入新时代，新时代的社会结构体现了时代的特点，这在红色精神的内涵中也有所体现。改革开放 40 多年来，中国人民经历了站起来、富起来到强起来的突飞猛进的发展，为新时代的红色精神的发展准备了一个高规格的发展平台，对红色精神的理性认识，应该紧密结合新时代

---

① 习近平：《在纪念中央革命根据地创建暨中华苏维埃共和国成立 80 周年座谈会上的讲话》，《人民日报》2011 年 11 月 5 日，第 1 版。

② 冉琴：《红色精神涵养社会主义核心价值观的方法论原则》，《毛泽东思想研究》2017 年第 5 期，第 110 页。

③ 刘云山：《着力培育和践行社会主义核心价值观》，2014 年 1 月 30 日，http://theory.people.com.cn/n2014/0130/c83848。

的特征，了解新时代丰富的社会历史背景和人们价值观的现状，并准确把握新时代社会主义核心价值观的具体内涵，结合中国特色社会主义进入新时代的社会历史现实，对新时代的理论与价值观的具体内涵进行区别，分析把握新时代红色精神的精神追求和价值意义，同时要恰当把握红色精神是在何种程度上丰富和涵养社会主义核心价值观，使红色精神与社会主义核心价值观相互关照、共同丰富和发展，从而凸显红色精神对人们的理想信念的影响和塑造作用。

三、新时代红色精神新定位

新时代红色精神反映了新时代中国特色社会主义理论的发展，"新时代中国特色社会主义思想，是对马克思列宁主义、毛泽东思想、邓小平理论、'三个代表'重要思想、科学发展观的继承和发展，是马克思主义中国化最新成果，是党和人民实践经验和集体智慧的结晶，是中国特色社会主义理论体系的重要组成部分，是全党全国人民为实现中华民族伟大复兴而奋斗的行动指南，必须长期坚持并不断发展"[①]。红色精神是在探索中国道路的实践中形成和发展起来的，红色精神为实现中国梦提供理论和精神基础，中国梦是国家的梦、人民的梦，为实现中华民族伟大复兴的中国梦，需要坚持以人民为中心的理念，"坚持以人民为中心。人民是历史的创造者，是决定党和国家前途命运的根本力量。必须坚持人民主体地位，坚持立党为公、执政为民，践行全心全意为人民服务的根本宗旨，把党的群众路线贯彻到治国理政全部活动之中，把人民对美好生活的向往作为奋斗目标，依靠人民创造历史伟业"[②]。

新时代红色精神凝聚着中国梦发展的历史事实，在既有的基础上，红色精神得以孕育、发芽、扎根、发展，体现了新时代中国共产党领导人民进行社会主义建设的务实精神，在新时代价值传递中谋求价值共识、争取价值认同。红色精神是中国精神的核心和精华部分，是一个发展着的开放的精神文化体系，为实现中华民族伟大复兴的中国梦，为实现"两个一百年"奋斗目标，新时代红色精神表现为一种时代精神，体现为在社会主义建设中的广大中国人民的一种精神自觉和要求。在更新和发展红色精神的内涵时，新时代中国共产党人需要时刻牢记为人民服务的初心和使命，"坚持以人民为中心。人民是历史的创造者，是决定党和国家前途命运的根本力量。必须坚持人民主体地位，坚持立党为公、执政为民，践行全心全意为人民服务的根本宗旨，把党的群众路线贯彻到治国理政全部活动之

---

① 习近平：《决胜全面建成小康社会 夺取新时代中国特色社会主义伟大胜利——在中国共产党第十九次全国代表大会上的报告》，人民出版社2017年版，第20页。

② 习近平：《决胜全面建成小康社会 夺取新时代中国特色社会主义伟大胜利——在中国共产党第十九次全国代表大会上的报告》，人民出版社2017年版，第21页。

中，把人民对美好生活的向往作为奋斗目标，依靠人民创造历史伟业"①。新时代红色精神的丰富与发展展现了其作为开放体系的现实性"思想、观念、意识的生产最初是直接与人们的物质活动，与人们的物质交往，与现实生活的语言交织在一起的。人们的想象、思维、精神交往在这里还是人们物质行动的直接产物，表现在某一民族的政治、法律、道德、宗教、形而上学等的语言中的精神生产也是这样。人们是自己观念、思想等等的生产者……'意识'在任何时候都只能是被意识到了的存在，而人们的存在就是他们的现实生活过程"②。

中国特色社会主义进入新时代，很多社会现实都发生了改变，充分凸显了新时代开放的、进步的特征，红色精神的内涵紧随社会现实进步的步伐而发展，立足于社会现实，以服务于现实生活为目标，充分彰显红色精神的现实关照。改革开放以来，中国共产党领导中国人民发展经济，社会财富逐渐积累，人民群众的生活水平明显提高，实现了从站起来、富起来到强起来的转变。长期以来，中国共产党对于意识形态的状况一直高度关注，一再强调社会主义意识形态是中国改革开放需要坚守的底线，在改革开放初期，中共中央就明确提出坚持"一个中心、两个基本点"，在坚持发展经济的同时必须坚持四项基本原则，红色精神作为激励民众的一种重要的精神指引，在改革开放中焕发出鲜明的色彩，"从必然性的角度看，人的精神最容易受环境现实的感染，崇高的理想、宏伟的目标、坚定的信念、火热的事业，最能催生国民昂扬的斗志和亢奋的精神。透过中国精神的践行和表现，国民从中得到了尊严，找到了自信，形成了一种自然的认同和归属"③。改革开放以来，红色精神激励着中国民众奋力推进改革发展。

新时代发展中的红色精神是中国改革开放中的精神标杆，激发着广大劳动人民发挥出创造的潜能，"新中国成立以来，特别是改革开放的伟大实践不仅改变了我国贫穷落后的面貌，也塑造了中国国民的精神面貌和民族性格。马克思主义在中国的传播和发展，不仅使中国取得了革命的胜利，而且塑造了一批理想远大、信念坚定而又注重现实、关注民生的共产党人，正是这批在马克思主义武装下的共产党人成为支撑中华民族发展的脊梁，成为中华民族的中流砥柱，成为积极担当中华民族复兴重大历史使命的中坚力量"④。发扬红色精神对于建设新时代中国特色社会主义具有重要意义，国家领导人的高度重视也推动了红色精神的丰富和发展，习近平在多个场合提出要弘扬红色精神，"沂蒙精神与延安精神、井冈山精神、西柏坡精神一样，是党和国家的宝贵精神财富，要不断结合新的时代条件

---

① 习近平：《决胜全面建成小康社会 夺取新时代中国特色社会主义伟大胜利——在中国共产党第十九次全国代表大会上的报告》，人民出版社2017年版，第21页。
② 《马克思恩格斯选集》第1卷，人民出版社2012年版，第151—152页。
③ 佘双好主编：《中国梦之中国精神》，武汉大学出版社2015年版，第93页。
④ 佘双好：《近年来国民心态的新变化》，《思想政治工作研究》2009年第7期，第15页。

发扬光大"①。在山西吕梁考察调研时，习近平提出："要把吕梁精神用在当今时代，继续为老百姓过上幸福生活、为中华民族伟大幸福而奋斗。"②红色精神是中华民族的重要精神财富，在革命战争年代，它鼓舞人们的革命斗志，取得了革命的胜利；在和平建设时期，红色精神成为一面团结全国人民共创美好幸福生活的旗帜。中国特色社会主义进入新时代，在新的历史方位，在国际形势错综复杂的今天，人们更需要一种能够团结各族人民、万众一心的有力精神纽带，激励人民群众共同创造美好生活。

红色精神蕴含着马克思主义理论的先进内涵，是中国革命、建设、改革的精神标杆，在新时代红色精神以高尚的精神塑造人，培育和发扬伟大的民族精神，发扬以爱国主义为核心的民族精神和以改革创新为核心的时代精神，充分展现中华优秀的文化基因，爱国、重德、自强，以塑造中华民族新的辉煌，"面对新时期更加复杂的世界形势，面对光荣而艰巨的民族复兴任务，我们更要强化国民的思想政治教育和理论宣传工作，强化中国精神在全社会的培育和弘扬，以求在全社会形成新的时代精神支柱和时代精神动力源"③。新形势下，全体人民致力于实现中华民族伟大复兴的各种社会实践。红色精神作为一种重要的精神力量在中国特色社会主义进入新时代后发挥着重要作用，新时代红色精神要实现内涵发展，需要通过培育和践行社会主义核心价值观，在社会上最大范围内、最大程度上促成社会共识的形成，培育、弘扬红色精神，实现红色精神在新时代的发展。"在经济成分多样化、利益关系多样化、就业方式多样化，分配形式多样化、思想观念多样化、道德标准多样化的时代背景下，积聚社会正能量，引导社会潮流的正确发展，使我们沿着正确的轨道继续前行，使社会主义核心价值观成为全社会自觉遵守的道德规范，使社会主义核心价值体系成为人们思想文化的价值标准。"④

---

① 习近平：《习近平在山东考察时强调：认真贯彻党的十八届三中全会精神 汇聚起全面深化改革的强大正能量》，《人民日报》2013 年 11 月 28 日。
② 李正印：《弘扬吕梁精神 攻坚深度贫困》，《山西日报》2017 年 8 月 8 日，第 10 版。
③ 佘双好主编：《中国梦之中国精神》，武汉大学出版社 2015 年版，第 95 页。
④ 佘双好主编：《中国梦之中国精神》，武汉大学出版社 2015 年版，第 97 页。

第三章
新时代大学生思想政治教育

第一节　大学生思想政治教育的内涵

"思想政治教育是指社会或社会群体用一定的思想观念、政治观念、道德规范，对其成员施加有目的、有计划、有组织的影响，使他们形成符合一定社会、一定阶级所需要的思想品德的社会实践活动。"[1]大学生思想政治教育的内涵应包括如下几个特性。

一、社会主义的意识形态性

在不同社会制度的国家，思想政治教育总是以代表着统治阶级的意志的上层建筑的一种形式存在着，通过一种特定的意识形式表达，构成完整的思想政治教育的过程。意识形式的表现种类有很多，如哲学思想、政治思想、法律思想、道德思想，以及渗透着这些思想的历史知识，这些意识形式是意识形态的重要组成部分。在《德意志意识形态》《共产党宣言》《路易巴拿马的雾月十八日》等著作中，马克思和恩格斯论述了在阶级社会中思想意识的阶级性问题。"统治阶级的思想在每一时代都是占统治地位的思想。这就是说，一个阶级是社会上占统治地位的物质力量，同时也是社会上占统治地位的精神力量。"[2]马克思指出："在贵族统治时期占统治地位的概念是荣誉、忠诚，等等，而在资产阶级统治时期占统治地位的概念则是自由、平等，等等。一般来说，统治阶级总是自己为自己编造出诸如此类的幻想。"[3]列宁曾说："在为阶级矛盾所分裂的社会中，任何时候也不

---

[1] 张耀灿、陈万柏主编：《思想政治教育学原理》，高等教育出版社2001年版，第23页。
[2] 《马克思恩格斯选集》第1卷，人民出版社2012年版，第178页。
[3] 《马克思恩格斯选集》第1卷，人民出版社1995年版，第180页。

可能有非阶级的或超阶级的思想体系。"①意识形态性是思想政治教育的本质属性，它决定了思想政治教育服务的对象，其反映的是统治阶级的利益。在社会主义社会，人民是国家的主人，意识形态反映的是最广大人民的根本利益，它所表达的价值观、人生观、世界观体现的是无产阶级的利益要求。

"马克思主义是我们立党立国的根本指导思想，也是我国大学最鲜亮的底色。"②大学生思想政治教育就是要使大学生从整体上学习和认同思想政治教育的基本理论，掌握从事思想政治教育实践的基本规律和基本方法，初步运用马克思主义立场、观点和方法，研究和分析现实社会问题、思想认识问题和社会发展问题。政治性和意识形态性是大学生思想政治教育的鲜明特征。它必须顺应社会发展的历史潮流，必须用党的最新理论成果充实其内容。社会主义核心价值体系是社会主义意识形态的本质体现，代表着社会主义社会的主流价值取向，提供了建设中国特色社会主义所需要的文化认同和价值追求。因此，社会主义核心价值体系是大学生思想政治教育的价值选择，成为推进大学生思想政治教育事业的生命线，大学生思想政治教育的发展必须以社会主义核心价值体系的引领和主导为基本方向。同时，大学生思想政治教育理论的发展创新需要以社会主义核心价值观的价值导向为指引，这也是大学生思想政治教育发展的内在要求。

二、人本性

教育者和受教育者是思想政治教育的两个基本要素，他们之间的关系是思想政治教育的主要关系。只有教育者与受教育者按照双方可以接受的思想政治教育目标、内容和方法互动，思想政治教育活动才能有序进行。教育者与受教育者包括阶级、政党、社会群体和个人等层次，这些层次具有相对性，在一定条件下还可以相互转化。因此，思想政治教育是在一定社会中以人为基础的活动，既具有社会工具性价值，也具有个人目的性价值。习近平在全国高校思想政治工作会议上强调："思想政治工作从根本上说是做人的工作，必须围绕学生、关照学生、服务学生，不断提高学生思想水平、政治觉悟、道德品质、文化素养，让学生成为德才兼备、全面发展的人才。"③2018年5月习近平在北京大学师生座谈会上再次提到："大学是立德树人、培养人才的地方，是青年人学习知识、增长才干、放飞梦想的地方。"④大学生是国家的未来，是民族的希望，是中国特色社会主义事业的建设者和接班人。党的十八大报告明确指出："把立德树人作为教育的根本任务，

---

① 《列宁全集》第6卷，人民出版社1986年版，第38页。
② 习近平：《在北京大学师生座谈会上的讲话（2018年5月2日）》，人民出版社2018年版，第8页。
③ 习近平：《习近平在全国高校思想政治工作会议上强调：把思想政治工作贯穿教育教学全过程 开创我国高等教育事业发展新局面》，2016年12月9日，http://dangjian.people.com.cn/n1/2016/1209/c117092-28936962.html。
④ 习近平：《在北京大学师生座谈会上的讲话（2018年5月2日）》，人民出版社2018年版，第6页。

培养德智体美全面发展的社会主义建设者和接班人。"[1]这一具有里程碑意义的论述,坚强而有力地回答了"培养什么人、怎样培养人"这一事关党和国家前途命运的问题,深刻诠释了大学生思想政治教育的本质属性,对进一步加强和改进大学生思想政治教育提出了更高要求。《中共中央国务院关于进一步加强和改进大学生思想政治教育的意见》强调指出:"大学生是十分宝贵的人才资源,是民族的希望,是祖国的未来……加强和改进大学生思想政治教育,提高他们的思想政治素质,把他们培养成中国特色社会主义事业的建设者和接班人,对于全面实施科教兴国和人才强国战略,确保我国在激烈的国际竞争中始终立于不败之地,确保实现全面建设小康社会、加快推进社会主义现代化的宏伟目标,确保中国特色社会主义事业兴旺发达、后继有人,具有重大而深远的战略意义。"[2]大学生的思想政治素质关系着社会主义建设事业的兴衰成败,关系着国家和民族的前途命运。新时代大学生思想政治教育必须把"立德树人"作为根本任务,以思想道德建设为基础,以理想信念教育为核心,以全面发展为目标,以爱国主义教育为重点,努力把当代大学生培养成为有理想、有道德、有文化、有纪律的"四有"新人,培养成为"理想远大、热爱祖国的人""追求真理、勇于创新的人""德才兼备、全面发展的人""视野开阔、胸怀宽广的人""知行统一、脚踏实地的人",培养成为德智体美全面发展的社会主义合格建设者和可靠接班人。

三、时代性

恩格斯指出:"一个时代的理论思维,包括我们这个时代的理论思维,都是一种历史的产物,它在不同的时代具有完全不同的形式,同时具有完全不同的内容。"[3]大学生思想政治教育要紧跟社会发展要求,赋予其鲜明的时代性特点。在不同时代,由于人们的思想特点不同,其发展变化的规律也会有所不同。不同时代社会物质生活条件和社会制度存在差异,大学生的培养目标就会有根本区别,大学生思想政治教育的任务、内容和方法也会有原则性的差异,这一特点主要体现在大学生思想政治教育的内容上。大学生思想政治教育的内容包括当前党的路线、方针、政策等,以及这些内容的理论来源和现实依据,这些构成了一个具有内在联系的系统。研究大学生的思想品德的形成与发展,必须置身于特定的社会历史背景;同时,思想政治教育的实施与开展,也必须体现时代的要求。

马克思同样指出:"人们自己创造自己的历史,但是他们并不是随心所欲地创造,并不是在他们自己选定的条件下创造,而是在直接碰到的、既定的、从过去继承下

---

[1] 中共中央文献研究室编:《十八大以来重要文献选编》上,中央文献出版社2014年版,第27页。
[2] 中共中央文献研究室编:《十六大以来重要文献选编》上,中央文献出版社2006年版,第193页。
[3] 《马克思恩格斯文集》第9卷,人民出版社2009年版,第436页。

来的条件下创造。"①党的十九大作出了"中国特色社会主义进入了新时代"②的重大判断，标志着中国特色社会主义进入新的发展阶段，面临着新的时代问题和时代任务。面对马克思主义中国化的最新成果，新时代高校思想政治教育必须清晰地找准自身的历史定位，推进马克思主义中国化和大众化，增强思想政治教育的时代性和实效性。

第二节　新时代大学生思想政治教育的构成要素

一、坚持立德树人是新时代大学生思想政治教育的根本遵循

促进人的自由全面发展是思想政治教育的根本目标。思想政治教育的具体目标，在不同时期有不同的规定，它概括和反映了时代对受教育者的要求，体现着国家、社会、教育者的期望。中国特色社会主义进入了新时代，新时代思想政治教育要以培养实现中华民族伟大复兴的时代新人为目标，回答"培养什么人、怎样培养人、为谁培养人"这一根本问题。

思想政治工作是经济工作和其他一切工作的生命线，是中国共产党人在中国特色社会主义实践中始终恪守的行动准则。毛泽东、邓小平、江泽民、胡锦涛等党和国家的领导人在领导中国革命与建设的过程中，坚持把马克思主义与中国革命和建设的具体实践相结合，在推进马克思主义中国化的同时，创造性地建立了中国特色的高校学生思想政治教育体系，对思想政治教育实效性进行了深入的思考，体现了与时俱进的理论品质，对增强高校学生思想政治教育实效性具有重要的指导意义。中华人民共和国成立以前，为推翻"三座大山"，争取民族独立和人民解放，思想政治教育的主要目标是培养具有坚定的革命斗争精神、爱国主义精神和共产主义理想信念的革命先锋者。中华人民共和国成立以后，党的根本任务逐渐转变为解放生产力和发展生产力，高校思想政治教育的目标随之调整为"高等学校培养出来的大学生、研究生，应当有坚定正确的政治方向，爱祖国、爱社会主义，拥护共产党的领导，努力学习马克思主义；应当热心于改革和开放，有艰苦奋斗的精神，努力为人民服务，为实现具有中国特色的社会主义现代化而献身；应当自觉地遵纪守法，有良好的道德品质；应当勤奋学习，努力掌握现代科学文化知识"③。其总体目标逐渐明晰化，培养德智体美全面发展的中国特色社会主义合格建设者和可靠接班人。在加强思想政治教育这一总体目标的导引下，邓小平将其目标具体化为培养有理想、有道德、有文化、有纪律的"四有"新人；

---

①《马克思恩格斯选集》第1卷，人民出版社2012年版，第669页。

② 习近平：《决胜全面建成小康社会 夺取新时代中国特色社会主义伟大胜利——在中国共产党第十九次全国代表大会上的报告》，人民出版社2017年版，第16页。

③ 中共中央文献研究室编：《十二大以来重要文献选编》下，中央文献出版社2011年版，第328—329页。

江泽民将"四有"新人目标发展为培养"四有"公民，同时对青年学生提出了坚持学习科学文化与加强思想修养的统一、坚持学习书本知识与投身社会实践的统一、坚持实现自身价值与服务祖国人民的统一、坚持树立远大理想与进行艰苦奋斗的统一的"四个统一"的目标；胡锦涛对广大青年学生提出了努力成为理想远大、信念坚定的新一代，品德高尚、意志顽强的新一代，视野开阔、知识丰富的新一代，开拓进取、艰苦创业的新一代的"四个新一代"目标要求。中国特色社会主义进入新时代，意味着我们比历史上任何时期都更接近、更有信心和能力实现中华民族伟大复兴的中国梦这一目标，为实现这一目标需要继续不懈奋斗是新时代党的根本任务。因此，新时代思想政治教育的目标就是动员全体人民实现民族复兴的伟大梦想，培养担当民族复兴大任的时代新人。党的十八大报告明确提出，要"把立德树人作为教育的根本任务，培养德智体美全面发展的社会主义建设者和接班人"①，随后习近平在全国高校思想政治工作会议上再次提出："要把立德树人作为中心环节。"②可见，新时期我们的思想政治教育总目标增添了新表述新要求，即"立德树人"的根本任务，在这一根本任务的指引下大学生思想政治教育的具体目标也增添了新的时代内容。

二、加强理想信念教育是新时代大学生思想政治教育的关键环节

所谓理想信念是人们对未来美好生活愿景的期待，是人们世界观、人生观和政治立场在奋斗目标上的集中体现。作为人类特有的精神活动，理想信念一旦形成，就成为支配人们行为的永久的精神动力。恩格斯在《路德维希·费尔巴哈和德国古典哲学的终结》中指出："在社会历史领域内进行活动的，是具有意识的、经过思虑或凭激情行动的、追求某种目的的人；任何事情的发生都不是没有自觉的意图，没有预期的目的的。"③社会共同理想信念是一个国家或民族占主流意识形态的精神目标，也是国家和民族团结人心、凝聚力量的精神支柱。社会主义、共产主义理想信念，是无产阶级和共产党人对人类社会发展规律与自身历史使命的社会共同理想。中国共产党成立以来领导革命、建设、改革的实践充分说明，"我们过去几十年艰苦奋斗，就是靠用坚定的信念把人民团结起来，为人民自己的利益而奋斗。没有这样的信念，就没有凝聚力。没有这样的信念，就没有一切"④。坚定的理想信念是中国共产党在艰难困苦的岁月带领人民群众战胜困难取得革命和建设胜利的法宝。共产主义的理想信念是无产阶级对人类社会发展规律和自身历史使命自觉意

---

① 中共中央文献研究室编：《十八大以来重要文献选编》上，中央文献出版社2014年版，第27页。
② 习近平：《习近平谈治国理政》，外文出版社2014年版，第376页。
③ 《马克思恩格斯选集》第4卷，人民出版社2009年版，第253页。
④ 《邓小平文选》第3卷，人民出版社1993年版，第190页。

识的集中体现。党的十八大报告指出："对马克思主义的信仰，对社会主义和共产主义的信念，是共产党人的政治灵魂，是共产党人经受住任何考验的精神支柱。"[1] 我们党始终高度坚持思想政治教育的社会主义方向，坚持育人为本、德育为先，坚持将理想信念教育放在思想政治教育的首位，坚持教育为社会主义现代化建设服务、为人民服务，把立德树人、培养德智体美全面发展的社会主义建设者和接班人作为教育的根本任务与价值追求。大学生是祖国希望，他们的理想信念树立情况关系到党的事业成败和国家民族的前途。当代大学生都应树立为实现中华民族伟大复兴的坚定的理想信念，坚持走新时代中国特色社会主义道路，坚定道路自信、理论自信、制度自信、文化自信，只有这样才能在激烈竞争的时代，恪守本心不随波逐流，坚守实现中华民族伟大复兴的中国梦的根本目标，最终实现自我。

改革开放以来，为适应党和国家事业发展需要，实施科教兴国、人才强国战略，全面贯彻党的教育方针，中共中央历来强调在人才培养中加强理想信念教育。"加强和改进大学生思想政治教育，要以理想信念教育为核心，深入进行正确的世界观、人生观和价值观的教育，使大学生确立在中国共产党领导下走中国特色社会主义道路，实现中华民族伟大复兴的共同理想和坚定信念，使他们中的先进分子树立共产主义的远大理想，确立马克思主义的坚定信念"[2]，这被写入中共中央国务院下发的《关于进一步加强和改进大学生思想政治教育的意见》当中。《国家中长期教育改革和发展规划纲要（2010—2020）》在谈到提高人才培养质量时指出："牢固确立人才培养在高校工作中的中心地位，着力培养信念执著、品德优良、知识丰富、本领过硬的高素质专门人才和拔尖创新人才。"[3]扎实推进大学生理想信念教育，培养造就千千万万品德高尚、掌握现代化科学知识、具有较高政治站位的优秀人才。

三、培育和践行社会主义核心价值观是新时代大学生思想政治教育的首要任务

以倡导"富强、民主、文明、和谐，自由、平等、公正、法治，爱国、敬业、诚信、友善"为主要内容的社会主义核心价值观，是人民群众的根本利益同新时代社会主义建设实践的有机统一，也是对国家、社会、个人价值内涵的系统阐述，体现了全体人民的迫切需求。它既是社会主义本质要求的集中体现，也是对中华优秀传统文化的传承和发扬，更是对时代精神的凝练和提升。从内容结构上看，社会主义核心价值观分为三个层面，即国家、社会和公民个人，它回答了我们要建设成为

---

[1] 习近平：《习近平谈治国理政》，外文出版社2014年版，第53页。
[2] 教育部思想政治工作司组编：《加强和改进大学生思想政治教育重要文献选编（1978—2014）》，知识产权出版社2015年版，第405页。
[3] 黄蓉生：《大学生思想政治教育若干论题研究》，人民出版社2016年版，第434页。

什么样的国家、建设一个什么样的社会、培育什么样的公民的问题。党的十八大报告指出："倡导富强、民主、文明、和谐,倡导自由、平等、公正、法治,倡导爱国、敬业、诚信、友善,积极培育和践行社会主义核心价值观。"①"三个倡导"不仅明确了共产党人的理想信念和价值观念,而且提出了人民群众必须遵循的思想原则和行为准则,是整个国家和社会包括全体人民都要广泛接受的信仰、原则与道德规范。

2014年5月,习近平同志在北京大学考察时强调广大青年要自觉践行社会主义核心价值观,与祖国和人民同行,努力创造精彩人生。广大青年的价值取向决定了中华民族和中国社会未来的价值取向,决定着国家的前途命运。高校作为塑造青年、培育青年价值观的主阵地,应切实担负起积极引导广大青年大学生培育和践行社会主义核心价值观的重要使命。要引导青年大学生培育和践行社会主义核心价值观,就要将其贯穿大学生思想政治理论教育的全过程。既要努力汲取中华优秀传统文化中的精髓,又要注重结合时代发展要求和大学生的实际需求,坚持以学生为本,以理想信念为核心,以全面发展为目标,抓住世界观、人生观、价值观这个"总开关",尊重大学生主体地位,着力在大学生中树立中国特色社会主义共同理想、马克思主义科学信念,筑牢大学生的精神支柱。

大学生价值观教育的问题从根本上说是"培养什么人、怎样培养人、为谁培养人"的问题。将社会主义核心价值观融入大学生思想政治教育全过程,有利于帮助大学生校准理想信念、价值取向的坐标,自觉克服在价值认知、价值判断、价值选择等方面存在的困惑与偏差,实现推进大学生的价值观教育与行为内化的双轮驱动,增强青年一代的责任意识和担当精神,提升大学生的思想道德、精神品格和人文素养。

四、坚持文化育人是新时代大学生思想政治教育的重要载体

"大学生思想政治教育内含文化育人特质,即以文化为思想政治教育的载体,通过文化的教化和调控功能来培养大学生积极向上的世界观、人生观和价值观。"②首先,文化育人是一种生活化教育。生活中处处都有文化的印记,可以说,生活就是文化,"环境创造人",其实就是说生活或文化创造的环境对人的教育和塑造。其次,文化育人是一种自觉的教育。无论对于受教育者还是对于施教方,都不是自觉地在接受或实施,其教育效果的取得是潜移默化的。最后,文化育人是一种感性教育。文化教育与课程教育在方式上的最大区别就是文化教育主要诉诸人的感性,而课程教育则往往主要诉诸人的理性;在受教育者的接受方式上,二者也有以感性接受为主和以理性接受为主的不同。"在潜移默化中文化承载着酝酿氛围、培育素质、养成人格,教化之功的功能。大学生思想政治教育要发挥文化育人的功能,充分

---

① 中共云南省委宣传部编:《社会主义核心价值观干部读本》,人民出版社2014年版,第37页。
② 刘欣:《高校思想政治教育文化育人的若干思考》,《洛阳师范学院学报》2017年第12期,第78页。

利用生活化的教育优势，把自在的教育转化为自觉、自为的教育，把感性的方式引导到通往理性的方向上来，充分认识和发挥文化的教育功能，把文化育人推向深入。"①马克思主义经典作家认为，文化是一种烙印在民族血脉当中的生命力、创造力、凝聚力，对民族精神和时代精神的培育及健全人格的塑造、促进人的全面发展具有特殊的、不可替代的作用。中华优秀传统文化以伦理道德学说见长，以孔子为代表的儒家学派旨在通过言传身教、社会教化、礼仪规范等方式将仁者爱人、为人知礼、忠孝守信等道德品质潜移默化地传递给人们，引导人们加强道德修养、完善人格操守，在内生外化中实现人的内在道德情操与外在行为标准的塑造，进而从根源处解决道德自律的问题，使道德品质和道德行为更具稳定性与持久性。同时，中华传统文化中丰富的道德资源是思想政治教育"以文育人"的历史源泉。

"不忘本才能开辟未来，善于继承才能更好的创新。"②党的十八大以来，习近平同志多次强调要弘扬中华优秀传统文化，一再强调传承红色基因，努力建设社会主义先进文化，在全党全国人民中树立起坚定的文化自信。2014年12月，习近平在南京军区机关视察时指出："要把红色资源利用好、把红色传统发扬好、把红色基因传承好。"③"红色文化是中国共产党、人民军队和广大人民群众在长期的革命实践活动中，由红色基因逐渐孕育、生长、传承而形成的持久延续的价值观念，是中国共产党人精神与文化的象征。"④红色文化是一种先进的政治文化，在大学生思想政治教育中发挥着凝聚作用、教化作用、传承作用、规范作用、激励作用。红色精神为大学生确立共产主义理想信念提供精神支柱，为培养大学生优良道德品质提供了精神指引，是增强大学生社会主义文化自信的有效动力。红色精神是红色文化的升华和凝练，将红色精神融入大学生思想政治教育，能够丰富大学生思想政治教育内容，使大学生在潜移默化中接受革命传统教育，为大学生成长成才提供丰富而强大的精神支持。

第三节　新时代大学生思想政治教育新特征

一、指导思想的时代性

思想政治教育只有把握时代主题和体现时代精神，才能富有强大的生命力。

---

① 冯刚：《文化的功能与文化素质教育》，《中国高等教育》2009年第Z1期，第10—13页。
② 马云志：《坚定中国特色社会主义的"四个自信"》，人民出版社2017年版，第210页。
③ 桂从路：《激活岁月沉淀的精神力量（评论员观察）——让红色基因融入血脉代代相传》，《人民日报》2018年6月26日，第5版。
④ 王玲、陈昱霖：《红色文化资源在高校思想政治教育中的价值和实现》，《学校党建与思想教育》2018年第11期，第86页。

党的十九大最突出的理论成果是提出了习近平新时代中国特色社会主义思想，大会通过的《中国共产党章程（修正案）》将习近平新时代中国特色社会主义思想写入了党章，确立为党必须长期坚持的指导思想。党的十九大报告明确提出："用新时代中国特色社会主义思想武装全党"[1]，"推动新时代中国特色社会主义思想深入人心"[2]的任务，这既是对思想政治教育内容的深化和拓展，也对新时代思想政治教育提出了更高要求。

二、全员参与性

教育者和受教育者是思想政治教育的主要构成要素，思想政治教育的主要关系反映的就是教育者和受教育者之间的关系。教育者与受教育者是相对的，在一定条件下还可以相互转化。思想政治教育的对象是人，实施教育者也是人，所以，思想政治教育的本质属性是坚持育人为本。大学生思想政治教育具有开放性的特征。全员参与是保证大学生思想政治教育效果的重要因素。新时代的思想政治教育要摆脱传统观念的束缚，要使思想政治教育形式有新转变，构建起高校"大思政"工作格局。无论是高校领导干部、政工干部、共青团干部，还是思想政治理论课教师、专业课教师、教育管理者等都要纳入思想政治教育的主体系统，引导全体教职员工在"立德树人"这一根本任务上始终同心同德、同心同向，而不是各自为政、分散用力。同时，还要注重与家庭教育、社会教育的有效结合，整合育人资源，形成区域性的"三全育人共同体"教育合力，构建学校教育、家庭教育和社会教育有机结合的协同育人机制。

三、意识形态性

意识形态工作关系举什么旗、走什么路、坚持什么方向等重大问题。改革开放以后，邓小平同志曾经提到："十年最大的失误是教育，这里我主要是讲思想政治教育，不单纯是对学校、青年学生，是泛指对人民的教育。对于艰苦创业，对于中国是个什么样的国家，将要变成一个什么样的国家，这种教育都很少，这是我们很大的失误。"[3]然而，他在这里没有用到"意识形态"这个词，但实际上谈的就是意识形态问题，承认了改革开放前最大的失误是意识形态工作的失误，指出了意识形态工作面临的重大问题，从另一角度强调了意识形态问题的重要性。

---

[1] 习近平：《决胜全面建成小康社会 夺取新时代中国特色社会主义伟大胜利——在中国共产党第十九次全国代表大会上的报告》，人民出版社 2017 年版，第 63 页。

[2] 习近平：《决胜全面建成小康社会 夺取新时代中国特色社会主义伟大胜利——在中国共产党第十九次全国代表大会上的报告》，人民出版社 2017 年版，第 33 页。

[3] 中共中央文献研究室：《邓小平关于建设有中国特色社会主义的论述专题摘编》，中央文献出版社 1992 年版，第 60 页。

江泽民同志提出:"思想政治工作是经济工作和其他一切工作的生命线。"[1]胡锦涛同志也指出:"思想政治工作是我们党的政治优势之一。但是,这个优势在一些地方和单位未能很好发挥出来,甚至被淡忘了。"[2]"改革开放和发展社会主义市场经济的条件下,我国社会生活发生了深刻变化。随着改革深化和经济结构调整,不仅带来各种利益关系调整,使长期积累的一些矛盾日益凸现,而且带来各种思想相互碰撞,非马克思主义甚至反马克思主义的意识形态乘机泛起的情况也会出现。在这样的情况下,党的思想政治工作只能加强、不能削弱。在思想政治领域,必须坚持唱响主旋律、打好主动仗,理直气壮宣传马克思主义真理,批评政治方向、政治原则问题上的错误观点,澄清和制止思想政治上对群众的误导。"[3]然而,由于国内外形势的复杂性,加上部分高校领导干部对意识形态工作重视不够等现实原因和理论界有些人有意无意地引导意识形态的研究走向一种越来越学术化的趋势,这使得大学生思想政治教育的效果受到影响。党的十九大以来,习近平同志深刻分析了党在新时代面临的一系列挑战和考验,旗帜鲜明地指出:"意识形态工作是党的一项极端重要的工作。"[4]

要"落实意识形态工作责任制,加强阵地建设和管理,注意区分政治原则问题、思想认识问题、学术观点问题,旗帜鲜明反对和抵制各种错误观点"[5],这是对新时代大学生思想政治教育在战略发展方向上的新要求。新时代大学生思想政治教育要充分认识高校作为意识形态工作前沿阵地的极端重要性和特殊性,要自觉推进习近平新时代中国特色社会主义思想进教材、进课堂、进头脑,从而牢牢掌握意识形态工作的领导权、话语权和管控权。

四、内容全面性

党的十九大报告提出,要加强和改进思想政治工作,"广泛开展理想信念教育,深化中国特色社会主义和中国梦宣传教育,弘扬民族精神和时代精神,加强爱国主义、集体主义、社会主义教育,引导人们树立正确的历史观、民族观、国家观、文化观"[6]。高校思想政治教育者要在大学生中广泛开展理想信念教育,引导他们树立正确的理想信念,把握好人生奋斗的方向,引导大学生自觉把个人理想追求融入国家和民族的伟大事业中,使自己成为新时代的建设者,成为中国梦的承担者与实

---

[1] 《江泽民文选》第3卷,人民出版社2006年版,第74页。
[2] 《胡锦涛文选》第1卷,人民出版社2016年版,第429页。
[3] 《胡锦涛文选》第1卷,人民出版社2016年版,第441页。
[4] 蒋建国主编:《凝聚在共同理想和信念的旗帜下》,人民出版社2013年版,第1页。
[5] 人民出版社:《中国共产党第十九次全国代表大会文件汇编》,人民出版社2017年版,第34页。
[6] 习近平:《决胜全面建成小康社会 夺取新时代中国特色社会主义伟大胜利——在中国共产党第十九次全国代表大会上的报告》,人民出版社2017年版,第42—43页。

现者；要增强大学生对中华优秀传统文化、革命文化、社会主义先进文化的认知和认同，从中汲取中华民族思想道德精华，传承红色基因，弘扬民族精神和时代精神，以更加充沛的精神状态、更加鲜明的价值追求，凝聚起实现中国梦的青春力量。

五、方法多样性

思想政治教育的发展特点决定了思想政治教育方法必须具有多样性。遵循人的身心发展规律，满足受教育者的合理需要，兼顾人与人之间的个体差异是思想政治教育在教育方法上发挥多样性特点的前提。不同的教育对象，决定了应采用多种多样的教育方法。同时，思想政治教育的目标和内容也是影响思想政治教育方法的重要因素。不同历史时期及其不同发展阶段，思想政治教育的目标和内容依据社会经济、政治、文化的发展需要是有所区别的，这就决定了实现教育目标、完成教育内容的方法不能固守一种模式和沿用一套做法而要多样化。2017年2月27日，中共中央、国务院印发的《关于加强和改进新形势下高校思想政治工作的意见》明确要求："坚持改革创新。推进理念思路、内容形式、方法手段创新，增强工作时代感和实效性。"[①]习近平同志在全国高校思想政治教育工作会上指出："做好高校思想政治工作，要因事而化、因时而进、因势而新。要遵循思想政治工作规律，遵循教书育人规律，遵循学生成长规律，不断提高工作能力和水平。"[②]新时代，思想政治教育者依据教育对象采用适当的方法极为重要，要在方法创新上下大工夫，创新叙事方式，创新呈现方式，有效地巩固发展主流阵地，唱响主旋律。一是教学方式要充分开发利用网络技术、新媒体技术。努力打造"互联网+"大学生思想政治教育新模式，充分利用微信、微博等新媒体技术，大力开发网络学习平台、微课、翻转课堂等新媒体形式，还要加快探索移动直播、微视频、动漫等新时代下的各种学生易于接受的形式，及时向大学生传递党的声音、传授马克思主义理论知识，并逐步提升同步解答、在线回答能力，全面推动课程教学从课堂延伸到线上，解疑释惑又从线上延伸到生活中，调动青年大学生参与理论学习的积极性，从而增强理论认知和认同。二是话语表达方式要有亲和力。"95后"大学生是新时代大学生的主体，这些大学生有其特有的话语风格、表达习惯和接受偏好，教育者在思想政治教育过程中要从话语的内蕴方面融入更加积极的情感，使传播话语既有思想又有人文关怀，注重情感共鸣，切忌单纯的政治说教。要用大学生喜闻乐见、接地气的话语开展教育教学，丰富话语类型，创新话语表达方式，从而达到春风化雨、入脑入心的教育效果。

---

① 本书编写组编：《党内政治生活丛书怎样做好思想政治工作》，党建读物出版社2018年版，第156页。
② 习近平：《习近平在全国高校思想政治工作会议上强调：把思想政治工作贯穿教育教学全过程 开创我国高等教育事业发展新局面》，2016年12月9日，http://dangjian.people.com.cn/n1/2016/1209/c117092-28936962.html。

第四节　新时代大学生思想政治教育面临的挑战

当代大学生是实现中华民族伟大复兴的建设者，是党和国家的宝贵财富。他们思想活跃、充满欣欣向荣的青春力量。改革开放以来，随着经济发展和对外开放的进行，新时代大学生在多元文化的影响下，在思想认识、价值取向、行为方式、生活习惯等方面都呈现出新的成长特征，由于所处的社会环境、家庭环境和学校环境日益复杂多样，他们对成长的内涵与外延有自己的界定，一方面他们对国家、民族发展和自身成长充满期待，另一方面由于学习、经济、就业、情感等方面的压力，部分学生的焦虑情绪较为严重，这也给新时代大学生思想政治教育带来了一定的挑战。

一、大学生思想政治教育外部环境发生明显变化

（一）从国际环境来看，全球化的时代背景和"逆全球化"思潮对大学生思想政治教育的双重影响

大学生思想政治教育必须要对国际局势和时代主题有正确的把握。从世界范围来看，尽管个别地区存在着不太和谐的因素，但是这些因素不足以改变世界发展的大环境、扭转世界发展的大趋势。党的十九大报告指出："世界正处于大发展大变革大调整时期，和平与发展仍是时代主题。"[1]在经济全球化时代，各地区、各民族在经济、政治、文化、价值观念、意识形态、生活方式等方面相互作用、相互影响，不同的社会制度、不同的文明相互碰撞、竞争，这也一定程度上影响到人们生活的方方面面。不可否认，经济全球化为大学生思想政治教育提供了丰厚的物质基础，它所带来的公平、效率、民主、正义的社会理念极大地丰富了大学生思想政治教育的内容，但是我们也应清醒地看到，为了抢夺意识形态的话语权，为了占领思想领域的制高点，东西方文明之间的竞争愈发激烈，竞争的手段日益多样，竞争的方式越来越隐蔽，这同样给大学生思想政治教育带来了严峻挑战。西方资本主义国家凭借经济实力和政治地位强行推介文化霸权，企图把它们的意识形态灌输到青年一代的头脑中。在深受大学生喜欢的一些美国电影中，我们不难发现这种文化软实力对新时代青年价值观的影响。《阿凡达》《侏罗纪公园》《蜘蛛侠》等好莱坞电影用出神入化的电脑特技和跌宕起伏的情节迎合了大学生的喜好并满足了当代大学生猎奇的需求。然而，在商业和娱乐的背后，这些电影也隐含着美国的价值观。这对仍处于社会经验和价值判断仍不够成熟的大学生的吸

---

[1] 本书编写组编：《党的十九大报告辅导读本》，人民出版社2017年版，第57页。

引力很大，不利于他们正确认识自身所处的历史方位，他们中的一些人对中华传统道德和红色革命精神的价值认知不足，而对西方价值观和生活方式盲目崇拜。除了文化霸权的输出外，资本主义国家在全球化向外扩张时，过度宣传自身制度建设成果，对于我国社会主义建设中取得的成就加以否定而对于改革开放过程中出现的一些问题加以夸大，对中国特色社会主义道路和中国共产党的领导妖魔化，削弱了大学生对于国家和社会主义道路的认同感，蒙蔽世人的视听。

2008年美国的次贷危机引发了全球金融危机，世界经济的重心出现了"东升西降"的情况，特别是以中国为代表的新兴经济体的崛起，在一定程度上挑战和削弱了美国、日本等老牌资本主义国家的世界经济政治霸权，它们为了平衡经济和政治利益，制约和压制中国等新兴经济体的发展，纷纷调整国家政策，由原来的以市场利润为根本指向的市场逻辑向以国家利益为核心的国家逻辑转型，出现了"保护主义、单边主义、民粹主义、逆全球化"[①]。民族、宗教、文化、种族问题日益突出，加剧了世界格局未来的不确定性，引发了人们对社会政治经济的焦虑，这一切最终会通过文化思潮对青年大学生的理想信念和价值观造成冲击。例如，在中美贸易战谈判过程中，有的人只看到了西方国家贸易保护主义的盛行从而对我国对外开放战略进行全盘否定，认为改革开放过了头儿，过度的开放已经威胁到国家安全，这些错误的言论对于思想活跃、关心国家发展的青年学生来说，容易混淆视听，甚至产生思想混乱和认知错误，"事实上，在全球金融危机和文明冲突的大背景下，借助逆全球化运动大行其道的民族主义、民粹主义和新左派主义等思潮，已经成为对大学生群体影响较大同时也需要高校在人才培养中高度警惕和关注的几种思潮，而这几种思潮在中国当前的表现往往带有很强的伪装欺骗性"[②]。

（二）从国内环境来看，市场经济发展一些人利益最大化选择影响大学生思想政治教育效果

改革开放40多年来，中国共产党经过长期实践和探索建立起社会主义市场经济体制，社会主义市场经济作为适合社会化大生产的经济运行机制和资源配置的有效方式，不仅极大地丰富了社会商品，满足了人们的物质文化需求，而且有力地推动了人们思想的解放和观念的更新。社会主义市场经济建设所取得的成就，深化了人们对社会主义规律和本质的认识，坚定了人民走中国特色社会主义道路的决心和信心。社会主义市场经济建设过程艰难的探索之路，解放了人们的思想，培养了人民艰苦奋斗、开拓创新的精神，这也是中华民族精神、时代精神和共产

---

① 本书编写组编：《党的十九大报告辅导读本》，人民出版社2017年版，第264页。
② 葛梦薇：《逆全球化社会思潮对高校人才思政教育的影响与对策》，《经济研究导刊》2017年第22期，第134页。

党红色革命精神的核心。同时，社会主义市场经济所倡导的效率、公平、民主、法治、竞争等理念也极大地促进了人们思想观念的更新，这些为大学生思想政治教育提供了较好的物质条件和精神条件。党的十九大报告指出：要"坚持社会主义市场经济改革方向"[①]、"加快完善社会主义市场经济体制"，明确"经济体制改革必须以完善产权制度和要素市场化配置为重点，实现产权有效激励、要素自由流动、价格反应灵活、竞争公平有序、企业优胜劣汰"[②]。这些重要论述，进一步明确了社会主义市场经济的改革方向，明确了加快完善社会主义市场经济体制的重点任务，市场经济对大学生思想政治教育的积极作用将在更大领域、更深层次上显现出来。然而，由于市场经济活动自身固有的弱点，它也对人们的思想意识造成了一定的消极影响，大学生思想政治教育面临着前所未有的挑战。市场经济的逐利性影响了大学生的物质利益观念，使他们在社会生活中显现出一定程度地片面追求个人物质利益的倾向，甚至一些学生形成了"一切向钱看"的人生信条；市场经济主体的多元化，导致大学生思想观念的多元化；市场经济的开放性在解放思想的同时，也给西方意识形态的渗透提供了可乘之机；市场经济的自由性，导致大学生的集体主义观念有些淡漠。另外，部分大学生在价值观方面表现出个人主义和集体主义的价值冲突。在行为的选择上表现出进取与犹豫相伴、认同与失落共生的矛盾心理。在大学校园里，我们时常能看到"自扫门前雪"的现象，青年人的集体意识淡漠。

除了个人主义之外，市场经济带来的拜金主义、享乐主义也不容忽视。在某些学生眼中，大家比的是谁的手机和电脑更好，部分学生甚至把金钱的对等、家庭条件作为人与人交往的前提。部分喜欢时尚的大学生热衷购置仿制的名牌包、鞋及服饰，并将这些看作自己身份的象征。大学生正处在自我意识形成的重要时期，与别人比较的过程也是张扬自我的过程，对部分学生来说，在攀比中能够炫耀自己的知识、能力、人品乃至外貌特征、物质财富和人缘关系等。这种物质上的攀比，不仅会给其家庭带来经济负担，而且会扭曲大学生之间的人际关系。另外，学生间的攀比不利于正常的交往，且容易形成隔阂。一些大学生在意识形态塑造的关键时期，注入了攀比思想，使他们为了得到自己想要的东西，不惜铤而走险，最终引发犯罪问题。

（三）从社会思想领域看，多元化的社会思潮在一定程度上消解了大学生主流意识形态价值观

"社会思潮是指某一时期内在某一阶级或阶层中反映当时社会政治情况而有较大影响的思想潮流，它以一定的社会存在为基础，以相应的意识形态为理论核

---

① 中共中央文献研究室编：《十八大以来重要文献选编》中，中央文献出版社2014年版，第609页。
② 人民出版社编：《中国共产党第十九次全国代表大会文件汇编》，人民出版社2017年版，第27页。

心，并与某种社会心理发生相互影响、相互制约、相互渗透作用。"①随着我国改革开放进程的不断推进，思想领域的发展也在不断深入，吸收并包容着各种各样社会思潮，各种社会思潮相互交锋、竞相发展，促进并形成了现阶段的多元化的社会思潮的交汇。多元化的社会思潮主要有两类：一种是积极进步的，与社会主义核心价值观和道德体系相吻合；另一种是消极的，与社会主义核心价值观和道德体系相背离。社会思潮的多元化动摇了部分大学生对党和国家及中国特色社会主义道路的认同。"去意识形态化"、"非意识形态化"和"普世价值"等论调的盛行挑战着马克思主义在意识形态领域的主导话语权。一些大学生只看到国际形势缓和的一面，被西方所谓的"民主、自由、人权"和资本主义经济繁荣所迷惑，看不清西方资本主义的本质特征，看不清西方敌对势力的真面目。历史虚无主义、享乐主义、拜金主义、个人主义等错误思潮对高校思想政治教育产生了较大的冲击，高校思想政治教育面临着新挑战。

高校是意识形态斗争的主要阵地，大学生由于自身特点，是错误社会思潮侵蚀的主要对象，无论是历史虚无主义还是拜金主义、享乐主义、个人主义，多元化的社会思潮影响了青年大学生的认知，动摇了他们为中华民族实现伟大复兴的信心和决心。

二、大学生思想政治教育的自身发展还不能满足新时代的新要求

社会矛盾是推动社会发展的根本动力。党的十九大报告明确指出："我国社会的主要矛盾已经转化为人民日益增长的美好生活需要和不平衡不充分发展之间的矛盾。"②新时代社会主要矛盾的变化反映了新时代思想政治教育对人才培养的要求和方向，明确了思想政治教育应有的内容和方法。从目前大学生思想政治教育发展的现状来看，影响思想政治教育效果的主要原因如下所述。

（一）思想政治教育内容传统单一

部分高校的思想政治教育往往仅限于对课本理论知识的学习，首先在传播方式上，主要通过思想政治教育理论课、形势与政策讲座报告、班会等方式进行教育。学生对相关理论的学习兴趣不高，甚至有些反感，致使思想政治教育的有效性减弱。其次，思想政治教育空间范围仅限于思想政治理论课堂、校园内的第二课堂活动和其他社会实践活动当中。教育形式的单一，造成教育过程的自我封闭。教育部部长陈宝生曾指出："思想政治理论课抬头率不高，人到了心没有到，什么

---

① 余双好：《当代社会思潮对高校学生影响现状的调查分析》，《学校党建与思想教育》2010 年第 26 期，第 6—9 页。

② 习近平：《决胜全面建成小康社会 夺取新时代中国特色社会主义伟大胜利——在中国共产党第十九次全国代表大会上的报告》，人民出版社 2017 年版，第 11 页。

原因呢？内容不适应他们的需要。主要可能是'配方'比较陈旧，'工艺'比较粗糙，'包装'不那么时尚。所以亲和力就差了，抬头率就低了。"①思想政治教育不同于一般学科之处就在于它是一个外化作用于内化的互动过程，思想政治教育内容只有内化为个人的道德品质，才能通过道德行为表现出来，在这个互动过程中教育者的主动性和兴趣就显得尤为重要。增强思想政治教育的实效性和引领力，是新时代思想政治教育的本质要求，要利用好传统与现代、国内与国外、红色经典等多种资源，创新思想政治教育方法，使思想政治教育满足新时代学生的需要，更好地发挥效果。

（二）思想政治教育手段较为保守

随着科学技术的不断发展，新媒体作为一种全新的生活方式，渗入人们生活与学习的各个方面。如今，微信、微博等新媒体工具已经成为人们日常生活重要工具。"新媒体是以现代技术为支撑，以信息网络、无线通信网等介质为依托，以有线或无线等方式进行信息传送的一种媒体形态。"②在新媒体时代，大学生获取信息的方式更加快捷便利，教师和课堂已经不是学生获取知识的唯一渠道，教师的权威性受到冲击。在传统思想政治教育中，教师作为教育主体主导着教学过程，而在新媒体空间里，教育者和受教育者平等地存在和交流，他们可以采取自愿、自由的方式开展开放式、交互式的对话，对话双方拥有平等的话语权。因此，传统的思想政治教育话语主导权难以在新媒体中得到有效的实现，在一定程度上造成了话语权在逐渐减弱。当代大学生与新媒体有着密切的联系，他们乐于接受新鲜事物，在学习、生活和交友等方方面面都离不开互联网等新媒体平台，同时新媒体的发展也潜移默化地影响着大学生的价值取向、思维方式和行为方式。新媒体的特点及其传播优势，为大学生思想政治教育发展和进步提供了新的生长点。新时代大学生思想政治教育要做到因时而进、因势而新，认清形势，善于借助新媒体，构建大学生思想政治教育网络平台，形成高效的教学模式，增强其话语权的影响力，这也是维护高校意识形态安全的必然要求。

（三）思想政治教育理念亟待更新

中国特色社会主义进入新时代，社会的主要矛盾发生了变化，思想政治教育的工作理念也应该做到因势而新。大学生思想政治教育的主题从之前的以社会发展为导向转变为以人的需求为导向，在教育过程中突出人文关怀和情感共鸣，增强思想政治教育的亲和力。长期以来，传统的大学生思想政治教育只注重宣传树立远大理想，但对教育者的思想状况和内在需求重视不够。在教育过程中，为了

---

① 陈宝生：《高校思想政治理论课抬头率不高》，2017年3月12日，http://cn.chinadaily.com.cn/2017-03/12/content_28524514.htm。

② 肖庆生、任佳伟、刘畅：《新媒体背景下大学生思想政治教育话语权的科学构建》，《思想理论教育》2014年第4期，第83页。

追求稳定发展的教育效果,片面地强调对大学生行为与思想的约束,却忽视了其精神方面的需要,导致了大学生思想政治教育偏离了其原本促进大学生全面发展的目标。近年来,高校大学生自杀事件、群体事件时有发生[①],在一定程度上反映了高校思想政治教育缺乏人文关怀和心理指导(图3.1)。

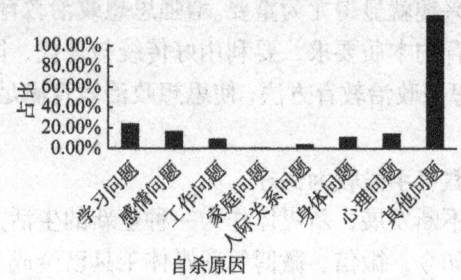

图3.1 高校大学生自杀事件原因分析

习近平同志在全国高校思想政治工作会议上明确指出:"要坚持不懈促进高校和谐稳定,培育理性平和的健康心态,加强人文关怀和心理疏导,把高校建设成为安定团结的模范之地。"[②]高校在日常思想政治教育过程中既要关注人文关怀,也要注意营造良好的人文氛围,尤其要注意挖掘红色文化、革命传统精神中所蕴含的精髓,促进大学生人文素质的提高和民族精神的高度觉醒,从而实现人的全面发展。

(四)思想政治教育管理水平有待提高

高校思想政治工作队伍的素质,直接关系到大学生思想政治教育的效果。当前,高校思想政治教育工作队伍主要包括:思想政治教育理论课教师、学校党团干部及高校辅导员等三类群体。思想政治课教师通过理论课教学,引导主流价值观,是大学生思想政治教育的主渠道。高校思想政治教育理论课一般是大课,众多专业班级学生一起上课,学生人数众多,思政课教师很难逐一了解学生思想状况,超负荷的授课任务,更使得很多思政课教师不得不利用课余时间去忙科研工作,因而不可避免地放松了教学管理。学校党团干部需要处理学生日常行为管理等行政事务,在一定程度上疏于对高校思想政治工作规律进行深入研究,且很少有时间直接接触学生。高校辅导员是思想政治工作的具体实施者,承担着思想教育、学生日常行为管理、职业生涯引导、心理健康调适等职责。因此,高校辅导员不仅应具有较高的思想政治觉悟,还要有管理学、社会学、心理学、教育学等学科知识背景。然而,目前高校辅导员队伍却存在着人员构成复杂、专业学历层次不平衡、待遇不高等情况,辅导员的群体职业倦怠现象日益突出,且辅导

---

① 本部分资料参考金家新的《全国普通高校在校大学生自杀情况调查研究(2005—2015)》,发表于《前沿》2016年第11期的内容。

② 习近平:《习近平谈治国理政》第2卷,外文出版社2017年版,第377页。

员职业化水平不够高,这些都影响着思想政治教育的管理水平和服务质量。

三、新时代受教育者自身思想特点存在的问题

(一)大部分学生政治信仰坚定,但是部分学生政治意识淡漠

教育部连续 27 年开展的关于高校大学生思想政治状况的调查表明,当前大学生思想主流继续保持积极健康、向上向好的良好态势。①青年学生民族自豪感、时代责任感、历史使命感持续增强。92.6%的大学生赞同"在个人利益与国家利益、集体利益发生冲突时,应首先考虑国家利益和集体利益"。94.4%的大学生赞同"大学生应成为社会主义核心价值观的坚定信仰者、积极传播者、模范践行者"②。"总体看来,当前大部分大学生人生理想明确,人生价值取向积极向上,持有乐观自信、奋发进取的良好人生态度,并能积极规划自己的人生发展,人生观状况整体良好。"③2017 年 4—5 月,武汉大学沈壮海教授课题组在全国范围内进行了以 3500 名大学生为样本的中国大学生思想政治教育发展状况调查。调查内容包括大学生人生观、价值观、政治观、道德观、文化观、择业观、学习状况、网络运用状况、身心健康状况、思想政治理论认知状况等方面的 82 个问题。调查结果表明,大学生的政治倾向、人生态度、竞争意识、择业观等与时代变革的步伐基本吻合,呈现出积极、进取、务实、开放的特点和变化。例如,对"'大学生应牢固树立中国特色社会主义的共同理想'这一观点,持赞同的人数比例为 91.7%。在坚持中国共产党的领导和社会主义制度、坚持马克思主义在我国意识形态的指导地位等基本政治态度上,大多数学生保持清醒的认识,态度更趋明确;九成以上的大学生对'实现民族复兴必须坚持中国特色社会主义道路'(93.4%)、'中国特色社会主义理论体系是我国现代化建设的理论指南'(92.2%)、'中国特色社会主义理论体系是我国现代化建设的理论指南'(93.1%)、'中国特色社会主义制度具有独特优势'(92.2%)等观点表示认同"④。

新时代大学生多为"95 后",他们成长于改革开放飞速发展时期,而且大多是独生子女,享受着祖辈和父辈的层层关爱,大多数学生的基本需求得到了有效的满足,从而对党领导的社会主义建设的艰辛历程难以产生情感共鸣。转型期的社会差距、不均衡发展、城乡差异及物质与精神建设的差异,都在其成长道路上

---

① 教育部:《2016 年大学生思想政治状况滚动调查表明大学生思想主流积极健康、向上向好》,2016 年 5 月 31 日,http://www.moe.gov.cn/jyb_xwfb/gzdt_gzdt/s5987/201605/t20160531_247095.html。
② 教育部:《立心铸魂兴伟业:以习近平同志为核心的党中央情系教育事业发展》,2016 年 9 月 9 日,http://www.moe.gov.cn/jyb_xwfb/xw_zt/moe_357/jyzt_2018n/2018_zt18/zt1818_bd/201809/t20180909_347972.html。
③ 沈壮海、王晓霞、王丹,等:《中国大学生思想政治教育发展报告 2017》,北京师范大学出版社 2018 年版,第 75 页。
④ 沈壮海、王晓霞、王丹,等:《中国大学生思想政治教育发展报告 2017》,北京师范大学出版社 2018 年版,第 27 页。

留下了深深的烙印。在农村，一些"95后"大学生有童年留守的经历，在其成长经历中，教育资源匮乏和亲情关怀的缺失，造成了他们的情感表达能力和社会交往能力较差，同时自信心和自制力均较差。在城市，作为独生子女的"95后"，由于缺少兄弟姐妹的互动，在成长中很容易将自己视为整个世界的中心，自我中心意识较强，考虑事情时总是将其自身得失放在首位，缺乏集体观念和集体意识。近年来，大学生就业矛盾和问题较为突出，很多在校生感到前途渺茫，学习积极性不够高，政治热情有所减弱。加上从小生活在应试教育的体系中，他们的生活中只有分数和考试的压力，没有养成关心党和国家大事的习惯，对党的理论体系的学习也只是停留在了解层面上，缺乏自主学习的内生动力。

（二）价值观总体积极向上，但部分学生理想信念薄弱

"95后"大学生由于身处一个和平与物质条件较好的时代，他们没有亲身经历革命战争年代的艰苦，也没有亲身历经中华人民共和国成立初期的艰苦奋斗历程。中华民族一步步依靠坚定的理想信念夺取革命的伟大胜利，是中国人民宝贵的精神财富。作为年轻一代的大学生虽然对国家和民族充满着情感认同，对于中国特色社会主义制度、道路、文化都有高度的价值认可，但对于马克思主义的理想信念却较为薄弱。从人的发展阶段上来看，大学生还没有形成稳定的心理素质。在从不稳定到稳定心理的过渡期间，一些大学生容易出现心理问题。这是因为青年大学生通常有远大的理想，有追求真理的热情，但他们容易将现实理想化。他们倾向于选择平稳的发展道路，对于实现理想需要付出的艰辛努力准备不足。有的人还会因为和自身理想差距过大而对自我进行全面否定，甚至产生自暴自弃的心理。

有少部分同学在心理转型期出现问题，青年学生通常有美好的理想，有追求真理的热情，但他们容易把现实理想化，倾向于走一条顺利的发展道路，不懂得理想的实现要经过长期的艰苦奋斗，他们改变现实的强烈意愿往往同现实生活发生矛盾，有一部分学生因此会遭受挫折陷入痛苦的自我否定中，以至于片面主观地看问题，对人生发展缺乏足够的信心。

（三）重自我实现、轻社会责任

调查表明，在回答"如果国家遇到危险和困难时"，约有五成的学生回答"尽自己所能给予帮助"，约有三成的学生回答"如需要，可以献出一切"。对"主观为自己，客观为别人"这一认识的看法，分别有36.00%、15.00%、35.00%的人选择"不赞同"、"基本赞同"、"赞同"。[①]可以看出，学生强调务实，强调自身利益与集体利益相结合，追求个性的多样化发展。这一结论还可以从以下调查结果得到证实：30.5%的学生认为"人生的价值在于找到一份好工作，使自己和家人过

[①] 宫志峰：《思与行：当代大学生思想政治教育创新研究》，山东人民出版社2007年版，第62页。

上好日子",53.4%的学生认为"人生的价值在于为国家和社会作出自己应有的贡献"。①这表明新时代大学生能够正确处理个人与集体之间的利益关系,并且通过对自身行为的调整,实现其预期目的。在面临个人价值和社会价值之间的抉择时,大部分学生都会选择个人价值,最大限度地考虑其自身价值的大小,然后才会考虑其行为对国家或者社会价值产生的影响。也有一部分大学生认为其自身价值和社会价值要协调发展,但是受其社会经验和政治素养的影响,他们对当前我国所处国情的了解较少,在进行行为选择过程中不能够考虑其对社会造成的影响,导致其言行与实际存在较大的偏离现象。

---

① 姜运仓:《社会主义核心价值观体系寓于大学生思想政治教育》,线装书局 2011 年版,第 86 页。

第四章
新时代红色精神充实大学生思想政治教育的内容

中国特色社会主义进入新时代,大学生思想政治教育服务于全面建成小康社会的目标,为社会培养全面发展的人才,"全面建设小康社会是我国新阶段新经济社会发展的重要环节,它要求党既追求实现经济社会内部各因素的协调和全面发展,同时也要为人的全面发展提供环境、奠定基础。同时,促进人的全面发展也是全面建设小康社会的核心目标"①。新时代大学生思想政治教育不仅要坚守其政治任务,还要适应多元化社会的需求,力图实现大学生的全面发展:大学生思想政治教育要培养热爱祖国、政治立场坚定的建设者,要培养道德高尚、思想进步的建设者,要培养视野开阔、富于创新精神的年轻人。新时代大学生思想政治教育培养全面发展的新青年,是最为迫切的任务,他们将成为全面建成小康社会的骨干,也是实现中华民族伟大复兴的中国梦的中坚力量。

新时代大学生思想政治教育以培养全面发展的人才为目标,在对待思想政治教育的内容上也应该承前启后,继承人类文明的一切优秀成果,继承和发展马克思列宁主义、毛泽东思想、邓小平理论、"三个代表"重要思想、科学发展观,认真学习贯彻习近平新时代中国特色社会主义思想。大学生思想政治教育要想取得好的效果,需要充分运用人类文明一切优秀成果。列宁曾经指出:"如果你们要问,为什么马克思的学说能够掌握最革命阶级的千百万人的心灵,那你们只能得到一个回答:这是因为马克思依靠了人类在资本主义制度下所获得的全部知识的坚固基础;马克思研究了人类社会发展的规律,认识到资本主义发展必然导致共产主义,而主要的是他完全依据对资本主义社会所作的最确切、最缜密和最深刻的研究,借助于充分掌握以往的科学所提供的全部知识而证实了这个结论。"② 新时

---

① 李鹏:《立德树人之道:大学生思想政治教育理论与实践发展探究》,中国水利水电出版社 2017 年版,第 42 页。
②《列宁全集》第 39 卷,人民出版社 1986 年版,第 298—299 页。

代大学生思想政治教育应继承和发扬人类文明的一切优秀成果，体现教育内容的政治性、科学性、目的性和先进性，服务于全面建成小康社会，思想政治教育内容更加丰富，视野更加开阔，针对当代大学生的思维特征，大学生思想政治教育应加强红色精神教育。红色精神教育丰富了大学生思想政治教育的内容，体现了马克思主义基本原理、共产主义的思想内涵，体现了强烈的政治性和科学性的特征。加强大学生的红色精神教育，可以在新时代加强对大学生的政治引领，结合大学生的心理特征，构建兼顾个体发展的具有人文价值的思想政治教育内容体系，提升大学生思想政治教育的效果，"通过自身的独特方式激发人的高层次精神需要，提升人的需要品位，丰富人的需要内涵"[①]。新时代红色精神教育能够丰富思想政治教育的内涵，能够加强思想政治教育的政治性、目的性和先进性，使大学生思想政治教育更好地适应当代大学生的需要，提高新时代大学生思想政治教育的效果。

第一节 新时代红色精神教育强化大学生的马克思主义信仰

新时代加强思想政治教育必须明确教育的方向，加强马克思列宁主义、毛泽东思想、邓小平理论、"三个代表"重要思想、科学发展观、习近平新时代中国特色社会主义思想的教育。加强辩证唯物主义和历史唯物主义世界观与方法论的教育。新时代是决胜全面建成小康社会、全面建设社会主义现代化强国的时代，新时代要求大学生有更坚定的政治信念、更鲜明的政治立场和更高尚的道德品质，当代大学生为实现共产主义的远大目标，服务于中华民族的伟大复兴，服务于中国特色社会主义建设，体现出鲜明的政治性和强烈的道德教化特征。

一、红色精神教育明确高校马克思主义教育方向

改革开放40余年来，中国坚持经济改革和对外开放政策，经济实现快速发展。但是，在引进先进生产方式的同时，西方社会一些精神糟粕也进入中国，使中国的意识形态领域呈现错综复杂的样态，针对当今社会意识形态的现状，明确马克思主义的指导地位，让当代大学生了解无产阶级的历史任务，了解和把握无产阶级政党的指导思想与路线方针，明确致力于实现中华民族伟大复兴的光荣使命的重要意义。

红色精神教育能够强化高校马克思主义教育，引导当代大学生读经典、读原著，在对马克思主义经典的学习中领会伟大革命导师的精神内涵能有效明确大学

---

① 王东莉：《思想政治教育人文关怀的内容体系建构》，《教学与研究》2005年第2期，第85—90页。

生思想政治教育的方向。作为中国共产党领导中国人民在革命和建设中创造的精神财富,红色精神蕴含着丰富的内容,体现了马列主义、毛泽东思想等的精髓,其丰富内涵能够强化大学生思想政治教育的内容,明确大学生思想政治教育的方向,在新时代复杂的国内外形势下,强化大学生在意识形态领域的斗争意识,坚定马克思主义信仰。意识形态是"社会的思想上层建筑,是一定社会或一定社会阶级、集团基于自身根本利益对现存社会关系自觉反映而形成的理论体系;这种理论体系包括一定的政治、法律、哲学、道德、艺术、宗教等社会学说、观点;意识形态是该阶级、该社会集团政治纲领、行为准则、价值取向、社会理想的思想理论依据"[①]。意识形态具有强烈的阶级性,以巩固现存的社会制度或者推翻现存的社会制度为宗旨,是客观地存在着的现象,且不以人的意志为转移。在经济全球化的浪潮下,西方的意识形态加强了对中国的渗透,对当代大学生产生了一些消极的影响,一些大学生凸显出了政治方向不清、理想信念淡薄的问题,还有一些大学生表现出对西方腐朽生活方式的羡慕。高校意识形态领域中的斗争日渐激烈,开展有效的思想政治教育,需要加强大学生对无产阶级的性质和任务的了解,加强大学生对中国共产党领导合法性的认知和信仰,加强大学生对中国特色社会主义道路的自信,坚定建设中国特色社会主义的信心。在新时代、新形势各种社会思潮的冲击下,弘扬红色精神、挖掘红色精神的丰富内涵,可以明晰无产阶级的历史使命,提升大学生思想政治教育的效果,加强大学生对自身肩负的责任和使命的认识,借助红色精神体现的鲜明政治导向和丰富的内涵,加强大学生思想政治教育。

二、红色精神教育有助于明确新时代大学生的历史使命

近代以来为实现民族复兴,革命先驱者带领热血青年努力探索一条富国强兵之路,随着马克思主义传入中国和中国共产党的成立,为改变积贫积弱的中国带来了希望。经过多年来的艰苦努力,中国共产党带领中国人民经历了站起来、富起来到强起来的过程,物质文明建设和精神文明建设都取得了辉煌的成就。改革开放开辟了中国特色社会主义道路,改革开放40多年的成就显示出开辟中国特色社会主义道路的巨大意义和社会主义的强大生命力,"社会主义制度和资本主义制度哪个好?当然是社会主义制度好。……社会主义的经济是以公有制为基础的,生产是为了最大限度地满足人民的物质、文化需要,而不是为了剥削。由于社会主义制度的这些特点,我国人民能有共通的政治经济社会理想,共同的道德标准"[②]。改革开放40多年来,中国的经济、政治、社会、文化、生态建设等领域都取得了

[①] 宋惠昌:《当代意识形态研究》,中共中央党校出版社1993年版,第9—10页。
[②]《邓小平文选》第2卷,人民出版社1994年版,第167页。

巨大的成就，到 2010 年中国的 GDP 总量超过了日本，成为世界第二大经济体，我国"经济保持中高速增长，在世界主要国家中名列前茅，国内生产总值从五十四万亿元增长到八十万亿元，稳居世界第二，对世界经济增长贡献率超过百分之三十"①。党的十九大报告明确提出中国特色社会主义进入新时代，"这个新时代，是承前启后、继往开来、在新的历史条件下继续夺取中国特色社会主义伟大胜利的时代，是决胜全面建成小康社会、进而全面建设社会主义现代化强国的时代，是全国各族人民团结奋斗、不断创造美好生活、逐步实现全体人民共同富裕的时代，是全体中华儿女勠力同心、奋力实现中华民族伟大复兴中国梦的时代，是我国日益走近舞台中央、不断为人类做出更大贡献的时代"②。中国特色社会主义进入新时代，"我国社会主要矛盾已经转化为人民日益增长的美好生活需要和不平衡不充分的发展之间的矛盾"③。新时代我国经济发展取得巨大成就，国际地位明显提高，当今国际联系日益紧密，国际上对中国的发展保持瞩目的同时也加强了对中国发展的钳制和文化渗透，早在 1997 年美国国家安全顾问伯杰就曾说过："同中国接触而不是孤立中国符合美国人民的最大利益；接触本身并不是目的，而是一种工具，随着时间的推移，同中国的接触将有助于解决这个国家在人权等问题上的分歧，有助于促进我们在中国所寻求的那种开放，有助于影响中国的方向。"④

新时代世界各国在意识形态领域的斗争更加激烈，当代大学生需要了解自身肩负的历史使命，做新时代中国特色社会主义的坚定捍卫者。新时代的大学生需要了解历史、把握当下。当代大学生因为成长环境的原因，对中国共产党领导中国革命的艰苦历程缺乏深刻了解，对中国共产党的历史功绩缺乏深刻体认。加强红色精神教育，不断丰富大学生的历史认知，引导其树立正确的历史观，是当代大学生思想政治教育必须解决的课题，只有认识到中国选择中国共产党是一种历史必然，改革开放开创了中国特色社会主义道路是在中国共产党领导下中国人民的一种正确的选择，认识到中国目前仍处于社会主义初级阶段，各种社会矛盾交织难以避免，明了大学生思想政治教育的根本任务。用马克思主义、毛泽东思想和中国特色社会主义理论体系教育广大人民群众，培养和造就有理想、有道德、有文化、有纪律的社会主义新人。⑤新时代大学生思想政治教育要塑造有使命感的当代青年，使他们深刻认识到自身肩负的光荣任务。为实现"两个一百年"的目标，实现中华民族的

---

① 习近平：《决胜全面建成小康社会 夺取新时代中国特色社会主义伟大胜利——在中国共产党第十九次全国代表大会上的报告》，人民出版社 2017 年版，第 3 页。
② 习近平：《决胜全面建成小康社会 夺取新时代中国特色社会主义伟大胜利——在中国共产党第十九次全国代表大会上的报告》，人民出版社 2017 年版，第 10—11 页。
③ 习近平：《决胜全面建成小康社会 夺取新时代中国特色社会主义伟大胜利——在中国共产党第十九次全国代表大会上的报告》，人民出版社 2017 年版，第 11 页。
④ 姜汉斌主编：《邓小平精神文明建设思想研究》，国防大学出版社 1998 年版，第 62—63 页。
⑤ 陈万柏主编：《思想政治教育学原理》，中国人民大学出版社 2013 年版，第 74 页。

伟大复兴,实现国家富强、民族振兴、人民幸福而努力奋斗。

加强红色精神教育,提升大学生思想政治教育的整体效果,"对马克思主义的信仰,对社会主义和共产主义的信念,是共产党人的政治灵魂,是共产党人经受住任何考验的精神支柱。形象地说,理想信念就是共产党人精神上的'钙',没有理想信念,理想信念不坚定,精神上就会'缺钙',就会得'软骨病'"①。加强思想政治教育,深入学习贯彻中国特色社会主义理论体系,不断丰富中国特色社会主义的实践特色、理论特色、民族特色、时代特色,扎实推进社会主义现代化建设。

新时代弘扬红色精神能够丰富大学生的历史知识,树立正确的世界观。"用鲜血和生命铸就的红色精神,是中国共产党人政治本色的集中体现,是教育党员领导干部始终保持共产党人先进性的强大精神力量。"②中国共产党系列红色精神具有丰富的内涵,"五四运动时期的寻求与探索,是共产党人熔铸精神体系的开端。共产党人精神体系的各种精神,称之为'红色精神'"③。系列红色精神浸润着当代青年人的心灵,启发新时代青年人对中华优秀传统文化和革命文化的继承与发扬,树立正确的世界观。新时代的大学生逐渐接近"00后",他们生活在一个物质丰富、网络高度发达的新时代,处于现实与虚拟的双向生活中,他们敏感、坦率、喜欢追求新鲜事物,在坦率活泼的外在表象下,常常隐藏着一个敏感、脆弱的心灵,他们大多是独生子女,体现出更多"骄娇"的特质,求学之路的顺畅,使他们身上有一种天之骄子的朝气和霸气,对继承和发扬中华优秀传统文化及革命文化的意义与价值还需要有更为清醒的认识。红色精神发展了中国的民族精神,红色精神教育能启发当代大学生树立正确的世界观,认识社会主义制度的优越性。"我们的制度将一天天完善起来,它将吸收我们可以从世界各国吸收的进步因素,成为世界上最好的制度。这是资本主义多绝对不可能做到的。"④

加强对大学生的红色精神教育能引导大学生尊重历史,用革命精神武装思想,"中国革命道德是指中国共产党人、人民军队、一切先进分子和人民群众在中国新民主主义革命和社会主义革命于建设中所形成的优良道德。中国革命道德是马克思主义与中国革命与建设的伟大实践相结合的产物,是马克思主义伦理思想在中国的新发展"⑤。红色精神教育弘扬了革命道德,体现了中国共产党思想建设的轨迹,"就思想建设而言,一方面,要抵制和克服资产阶级、特别是封建阶级的包括伦理道德在内的思想侵蚀和影响,用马克思主义武装、共产主义道德规范人民军队和党的队伍。另一方面,在革命队伍内部、党和人民之间逐渐形成了新的同

---

① 习近平:《习近平谈治国理政》,外文出版社 2014 年版,第 15 页。
② 李永春、张新洲:《大力弘扬革命文化中的红色精神》,《中国社会科学报》2017 年第 4 期,第 1 版。
③ 丁德科、王昌民:《红色精神百年史述论》,《渭南师范学院学报》2016 年第 20 期,第 5—30 页。
④ 《邓小平文选》第 2 卷,人民出版社 1994 年版,第 337 页。
⑤ 罗国杰:《论"五四"以来的中国革命道德研究》,《高校理论战线》2000 年第 1 期,第 28—33 页。

志式的人际关系,在革命斗争得锻炼中,党和军队得一切优秀分子表现出崇高得道德品质"①。红色精神教育有助于当代大学生认清自身肩负的历史使命,不断提升自身的能力,为全面建成小康社会贡献自己的力量。

三、新时代红色精神教育有助于大学生坚持和发展马克思主义

新时代加强红色精神教育有助于大学生自觉坚持和发展马克思主义。"党在一定时期的中心任务,是全党全国的大局,作为党的工作的一部分的思想政治教育工作如同党的其他工作一样,都应服务于这个大局。这两个方面的依据决定了党的传统思想政治教育的主导内容,是以马克思主义理论教育为核心,并结合一定时期党的中心任务而确定的思想政治教育内容体系:一方面,把马克思主义理论的宣传教育作为思想政治教育的基本内容,用马克思主义理论武装广大党员干部的头脑,特别是使党员和干部从理论上划清马克思主义同各种非无产阶级思想的界限,提高党员和干部的思想水平和政治水平,从而自觉地克服各种非无产阶级思想。"②马克思主义中国化的发展历史表明,中国的马克思主义者联系本国的实际创造性地发展了马克思主义意识形态理论。党的十一届三中全会以后,我国的工作中心转移到经济建设上来,以邓小平同志为核心的党的第二代中央领导集体总结了长期以来的革命实践的经验教训,深刻认识到中国共产党领导下无产阶级的历史使命,确立了科学成熟的意识形态理论,坚持了发展的马克思主义,邓小平指出:"多年来,存在一个对马克思主义、社会主义的理解问题。……马克思去世以后一百多年,究竟发生了什么变化,在变化的条件下,如何认识和发展马克思主义,没有搞清楚,绝不能要求马克思为解决他去世之后上百年、几百年所产生的问题提供现成答案。列宁同样也不能承担为他去世以后五十年、一百年所产生的问题提供现成的答案的任务,真正的马克思列宁主义者必须根据现在的情况,认识、继承和发展马克思列宁主义。"③坚持在实践中发展马克思主义符合马克思的最初设想,早在1845年,马克思在其著作《关于费尔巴哈的提纲》中指出:"哲学家们只是用不同的方式解释世界,而问题在于改变世界",马克思主义的强大生命力就体现在不断丰富的新的内容上,根植于社会发展实践,丰富发展的思想内容又用于指导新的问题。邓小平指出:"世界形势日新月异,特别是现代科学技术发展很快。现在的一年抵得上过去古老社会几十年、上百年甚至更长的时间。不以新的思想、观点去继承、发展马克思主义,不是真正的马克思主义者。"④

---

① 郑淑欣:《试论中国革命道德传统》,《黑龙江社会科学》2007年第4期,第21页。
② 石书臣:《现代思想政治教育主导性研究》,学林出版社2004年版,第102页。
③ 李良栋,等:《学习毛泽东邓小平江泽民关于社会主义精神文明建设的论述》,中共党史出版社1997年版,第30页。
④ 《邓小平文选》第3卷,人民出版社1993年版,第291—292页。

新时代红色精神教育有助于当代大学生了解自己的历史定位，体认中国特色社会主义的当代价值，促使当代大学生认真学习马克思主义，深化对马克思主义世界观和方法论的认识，促使他们结合现实的社会现象和自然现象，运用马克思主义的立场、观点和方法对当代思想政治教育现状进行分析，解决实际存在的思想政治问题，在实践中不断丰富和发展马克思主义的世界观与方法论。加强红色精神教育，有助于当代大学生坚持马克思主义指导思想，培养正确的世界观，坚持辩证唯物主义和历史唯物主义立场，坚持马克思主义认识论，这能有效提升当代大学生思想政治教育的方向意识。

加强红色精神教育，有助于促使当代大学生增强无产阶级的意识；加强红色精神教育，有助于促使大学生思想政治教育工作者运用共产主义的世界观武装当代大学生的头脑。加强大学生个人的共产主义修养，"我们在思想意识上的修养，是一回什么事呢？我认为这在基本上就是每个党员用无产阶级的思想意识去同自己的各种非无产阶级思想意识进行斗争；用共产主义的世界观去同自己的各种非共产主义的世界观进行斗争；用无产阶级的、人民的、党的利益高于一切的原则同自己的个人主义思想进行斗争"[①]。培养大学生形成共产主义的世界观，用科学高尚的人生观指导人生，学习红色精神、弘扬革命道德能有效增强当代大学生的革命定力，"从一定的意义上，我们完全可以说，中国革命道德传统是我国社会主义和共产主义事业胜利的重要保证，是我国现代化建设能够沿着正确道路前进的重要精神动力"[②]。

第二节　新时代红色精神教育提升大学生爱国主义教育效果

大学生思想政治教育具有鲜明的政治性，马克思主义的理论告诉我们，国家和阶级的存在就存在着阶级的差异与利益的冲突。统治阶级为了维护统治进行思想政治教育，以调和社会矛盾，构建反映统治阶级利益的、具有一定秩序的社会。新时代为实现维护国家和平与发展的目标，应该加强大学生思想政治教育，明确思想政治教育鲜明的政治引导性。中国特色社会主义进入新时代，中国的经济总量和发展速度为世界瞩目，中国也必须面对发展中出现的一系列新问题和新矛盾。新时代弘扬爱国主义需要注意到这些新问题、新矛盾，新时代弘扬爱国主义要有更明确国家的意识，弘扬中华优秀文化和培育民族精神，兼顾"五位一体"总体

[①] 解放军出版社编：《毛泽东　周恩来　刘少奇　朱德论社会主义精神文明》，解放军出版社1983年版，第126页。

[②] 罗国杰：《论"五四"以来的中国革命道德研究》，《高校理论战线》2000年第1期，第30页。

布局,"一方面,党的中心任务没有改变,是以经济建设为中心;另一方面,党的工作主题有了明显拓展,社会建设、文化建设、生态建设、党的建设中反腐倡廉等成为不可忽视的主题,由此也增加了思想政治教育内容新部分"[①]。新时代提升大学生思想政治教育效果,需要兼顾新变化,实现对大学生爱国主义教育的转型升级。红色精神中蕴含着丰富的内容,新时代加强思想政治教育,兼顾思想政治教育新的元素,继承中华民族优良传统和中国革命传统,加强红色精神教育,培养当代大学生的爱国主义精神。

新时代加强思想政治教育,弘扬爱国主义精神,学习贯彻习近平新时代中国特色社会主义思想,增强"四个意识",坚定"四个自信",坚持爱国主义精神教育,坚持举旗帜、聚民心、育新人、兴文化、展形象的使命任务,促进全体人民在理想信念、价值理念、道德观念上紧紧团结在一起,强化"国家意识""国家认同",使新时代的爱国主义体现出强烈的民族凝聚意识。

一、红色精神教育强化大学生对中华民族爱国传统和中国革命传统的继承

中华民族有着悠久的爱国主义传统,"先天下之忧而忧,后天下之乐而乐","天下兴亡,匹夫有责"集中体现了中华民族胸怀天下、爱国爱民的精神,作为一个拥有几千年文明史的国家,中华民族历史中涌现了大量的民族英雄,如"匈奴未灭、何以家为"的霍去病、抗倭英雄戚继光等,悠久的文明史上,中国各族人民通过自己的不懈努力,谱写了中华民族团结、发展、壮大灿烂的篇章。近代以来,中国各族人民为了国家的独立和发展,历经鸦片战争、辛亥革命、五四运动、北伐战争、土地革命战争、抗日战争、解放战争,为推翻帝国主义和封建主义的反动统治进行了艰苦卓绝的斗争,开辟了中国历史的新纪元。

中国共产党成立以后红色精神的孕育和发展升华了爱国主义精神,以红船精神为例,"红船精神继承发扬中华民族优秀民族精神,并将它升华到一个崭新的高度。'为公''为民'的核心灵魂,使得'红船精神'成为中华民族五千年来优秀的民族精神。中国共产党成为中华民族的优秀先锋队,中国共产党人成为开创中华文明新纪元、实现中华民族伟大复兴的中华优秀儿女的杰出代表"[②]。红船精神继承了中华民族悠久的爱国传统并将之发扬光大。红船精神在中国共产党红色精神系列中具有极为重要的地位,"'红船精神'作为中国共产党的'根'、'魂'和'基因',使它成为中国共产党奋斗征程上不竭精神的源头活水,从'红船精神'始,在中国共产党领导下的革命、建设和改革征程上,前后涌现出系列红色精神,如井冈山精神、长征精神、延安精神、西柏坡精神、抗洪精神、'两弹一星'精神、

---

① 孙其昂:《思想政治教育现代转型研究》,学习出版社 2015 年版,第 252 页。
② 董根洪:《"红船精神":新时代的伟大精神支撑》,《浙江日报》2017 年 12 月 19 日,第 5 版。

载人航天精神等,这一系列红色精神都无一例外是在'红船精神'的基础上成长起来,具有一脉相承又与时俱进的关系,'红船精神'始终构成系列红色精神的底色和根基"①。红色精神体现了鲜明的政治方向,对大学生进行爱国主义精神教育能产生正面影响,保证当代青年朝着正确的方向前进。

中国共产党历来重视对青年人的思想政治教育,在延安时期培养了大批青年干部,中国共产党对青年的教育大大增强了青年的凝聚力和战斗力,毛泽东指出:"政治路线确定之后,干部就是决定的因素。因此,有计划地培养大批的新干部,就是我们的战斗任务。"②中国共产党在革命时期加强对青年的思想政治教育,对他们保持正确的革命方向具有重要的意义。中国共产党在抗战时期加强对青年干部的思想政治教育,大大增强了抗战时期我党我军的凝聚力和战斗力,也为后人累积了优良的革命传统,积累了思想政治教育的成功经验,思想政治教育是有着鲜明政治色彩的教育活动,新时代我们继承和发扬我党的优良传统,加强对大学生的思想政治教育,提高具有较高知识水平青年人的思想政治水平,是为了更好地完成无产阶级的革命任务,凝心聚力为实现中华民族伟大复兴的中国梦不懈奋斗。

二、红色精神教育使大学生明确了新时代爱国主义与爱社会主义的统一性

新时代提倡爱国主义要坚持爱国主义与爱社会主义相结合,"爱国主义是历史的范畴,具有时代的特点。在新的历史时期,爱国主义是和建设有中国特色社会主义的伟大事业紧密相联的,发扬爱国主义精神就是要像雷锋那样树立正确的理想、信念、人生观和价值观,增强民族自尊、自信和自强精神,积极投身到建设有中国特色社会主义的实践中去,在各自的岗位上为改革开放和现代化建设做出积极贡献"③。红色精神倡导追求真理,鼓舞人们追求共产主义理想和共产主义制度,是新时代鼓舞广大人民群众全心全意投入全面建成小康社会的伟大的精神力量,中华人民共和国成立前后,中国共产党领导中国人民为建国作准备,提出了警醒全党的"两个务必",警醒全党要敢于斗争、敢于胜利,要为了人民、依靠人民,要善于破旧、善于立新,要谦虚谨慎、艰苦奋斗。新中国的社会主义新文化孕育的雷锋精神,鼓舞和影响了几代人。在新时代,雷锋发扬爱国主义精神得到了全新的体现和升华。"他自觉把个人的前途命运与国家、民族,与社会主义的前途命运紧紧联系在一起,处处以国家、民族和集体利益为重,表现出主人翁的博大胸怀。"④

---

① 董根洪:《"红船精神":新时代的伟大精神支撑》,《浙江日报》2017年12月19日,第5版。
② 《毛泽东选集》第2卷,人民出版社1991年版,第526页。
③ 红旗出版社编辑部编:《雷锋精神》,红旗出版社2012年版,第3—4页。
④ 红旗出版社编辑部编:《雷锋精神》,红旗出版社2012年版,第3页。

新时代加强爱国主义教育鼓舞大学生树立正确的政治观念，积极投身于建设新时代中国特色社会主义的伟大实践，坚定"四个自信"，习近平在中国共产党第十九次全国代表大会上指出："我们党深刻认识到，实现中华民族伟大复兴，必须建立符合我国实际的先进社会制度。我们党团结带领人民完成社会主义革命，确立社会主义基本制度，推进社会主义建设，完成了中华民族有史以来最为广泛而深刻的社会变革，为当代中国一切发展进步奠定了根本政治前提和制度基础，实现了中华民族由近代不断衰落到根本扭转命运、持续走向繁荣富强的伟大飞跃。"① 红色精神启示大学生在新时代提倡爱国主义要忠诚为民，爱国与爱社会主义得以统一，热爱人民为人民谋幸福，"伟大的爱国主义精神，本质上就是立党为公、忠诚为民的奉献精神，中国共产党'立党为公'的'公'，其伟大责任使命就是'为中国人民谋幸福，为中华民族谋复兴'"②。

新时代弘扬红色精神需要坚持爱国主义与爱社会主义的统一，坚持为人民服务的宗旨，全心全意为广大人民服务。弘扬红色精神有助于促使当代大学生更深刻认识到人民是国家的主人，改革的目的很大程度上是发展经济，改善人民的生活状况，使广大中国人民富起来。坚持爱国主义与爱社会主义的统一，在新时代做建设好社会主义的排头兵，"我们党团结带领人民进行改革开放新的伟大革命，破除阻碍国家和民族发展的一切思想和体制障碍，开辟了中国特色社会主义道路，使中国大踏步赶上时代"③。弘扬红色精神有助于促使当代大学生认识到爱社会主义发展经济的重要性。新时代的经济发展使大学生认清了自己的心理需要和精神目标，马克思和恩格斯高度肯定了保证物质基础的重要性，"我们首先应当确定一切人类生存的第一前提，也就是一切历史的第一个前提，这个前提是：人们为了能够创造历史必须能够生活。但是为了生活，首先就需要吃喝住穿以及其他一些东西，因此第一个历史活动就是生产满足这些需要的资料，即生产物质生活本身"④。物质需求是人类为了维持生存必须获得的基本满足，思想政治教育尊重人们对物质利益的追求，建设社会主义首先要满足人民的物质需求。同时，大学生思想政治教育不能仅满足于对物质需求的满足，而应该帮助大学生挖掘生活的精神意义，提升大学生的精神境界，帮助他们把握生活的意义。因此，大学生思想政治教育应紧密结合社会发展需要，准确把握党的路线、方针、政策，在对大学生进行思想政治教育的教化中，营造良好的舆论氛围，规范和约束大学生的行为。

---

① 习近平：《决胜全面建成小康社会 夺取新时代中国特色社会主义伟大胜利——在中国共产党第十九次全国代表大会上的报告》，人民出版社2017年版，第14页。
② 董根洪：《"红船精神"：新时代的伟大精神支撑》，《浙江日报》2017年12月19日，第5版。
③ 习近平：《决胜全面建成小康社会 夺取新时代中国特色社会主义伟大胜利——在中国共产党第十九次全国代表大会上的报告》，人民出版社2017年版，第14页。
④ 《马克思恩格斯选集》，人民出版社1995年版，第78—79页。

新时代强调爱国主义教育必须强调党的领导,"党和国家的长期实践充分证明,只有社会主义才能救中国,只有社会主义才能发展中国。只有高举中国特色社会主义伟大旗帜,我们才能团结带领全党全国各族人民,在中国共产党成立100年时全面建成小康社会,在新中国成立100年时建成富强民主文明和谐的社会主义现代化国家,赢得中国人民和中华民族更加幸福美好的未来"①。为实现全面建成小康社会必须坚持改革开放,坚持解放和发展生产力,顺应时代的要求,借鉴世界各国的先进经验,利用国内外的优越条件发展中国特色社会主义事业。大学生思想政治教育必须加强中国共产党党史的教育,让大学生了解中华民族不断发展壮大、走向伟大复兴的艰辛和辉煌,坚信"中国特色社会主义是中国共产党和中国人民团结的旗帜、奋进的旗帜、胜利的旗帜。我们要全面建成小康社会、加快推进社会主义现代化、实现中华民族伟大复兴,必须高举中国特色社会主义伟大旗帜,坚定不移坚持和发展中国特色社会主义。中国特色社会主义是实践、理论、制度紧密结合的,既把成功的实践上升为理论,又以正确的理论指导新的实践,还把实践中已见成效的方针政策及时上升为党和国家的制度。所以,中国特色社会主义特就特在其道路、理论体系、制度上,特就特在其实现途径、行动指南、根本保障的内在联系上,特就特在这三者统一于中国特色社会主义伟大实践上"②。

红色精神教育是重要的精神财富,在教育方式上应与大学生的家庭教育结合起来,注意教育的阶段性和渐进感,注意循序渐进、深入浅出、因材施教,抓住生活的细节和恰当的时机深化大学生对中国特色社会主义的认识。

三、新时代红色精神教育激励学生投入到全面建成小康社会建设中

新时代红色精神教育有助于培养中国特色社会主义建设的接班人,"革命传统教育要从娃娃抓起,既注重知识灌输,又加强情感培育,使红色基因渗进血液、浸入心扉,引导青少年树立正确的世界观、人生观、价值观"③。培养中国特色社会主义建设需要的有理想、有道德、有文化、有纪律的"四有"新人,培养大学生树立远大的理想、崇高的信念,养成高尚的道德品质,充分发挥思想政治教育的育人功能。2004年,我国高校在校学生人数飞速增长,大学生思想政治教育的育人功能正在发挥着越来越大的作用。"目前我国在校大学生包括本科生、专科生和研究生约有2000万。加强和改进大学生思想政治教育,提高他们的思想政治素质,把他们培养成中国特色社会主义事业的建设者和接班人,对于全面实施科教兴国和

---

① 习近平:《习近平谈治国理政》,外文出版社2014年版,第7页。
② 习近平:《习近平谈治国理政》,外文出版社2014年版,第8页。
③ 佚名:《在中部崛起中闯出新路——习近平总书记来安徽考察纪实》,《安徽日报》2016年5月3日,第1版。

人才强国战略,确保我国在激烈的国际竞争中始终立于不败之地,确保实现全面建设小康社会、加快推进社会主义现代化的宏伟目标,确保中国特色社会主义事业兴旺发达、后继有人,具有重大而深远的战略意义。"①

中国特色社会主义进入新时代,加之我国社会主要矛盾的新变化,决定了新时代思想政治工作的中心任务应该服务于解决我国社会的主要矛盾,在新时代大学生思想政治教育必须坚持发挥习近平新时代中国特色社会主义思想的引领作用,增强自身的使命感和责任感。

红色精神教育有助于为在虚拟环境中迷失的大学生指明前进方向。在舆论多元背景下,互联网因为其交互性、及时性、无限性和匿名性等特征,成为大学生了解社情民意的重要工具,但是网络的匿名性、交互性等特征也使网络的真实性和客观性减弱。改革开放以来,中国计算机网络在世界范围内迅猛发展势头中逐渐领先,2008年6月中国网民人数超过美国,成为全球第一,中国进入高度网络化社会,互联网普及程度大大提高,党的十八大召开后,中国互联网普及程度进一步提高,"根据中国互联网信息中心(China Internet Network Information Center,CNNIC)2019年8月发布的《第44次中国互联网发展状况统计报告》,截至2019年6月,我国网民人数达到8.47亿人,较2018年底增长2984万人"②。而互联网的普及直接影响到大学生思想政治教育的开展,邮件、微博、微信等现代传媒手段直接影响了大学生的交往效果和思维习惯,加强红色精神教育,使大学生明晰自身使命、明了政治方向,这有助于当代大学生保持革命热情、坚定马克思主义立场、保持自身的独立思维。正确使用网络工具,享受互联网发展带来的诸多便利,又不为互联网的负面信息所影响,在互联网高度发展的时代,实现个人的全面发展。

第三节 新时代红色精神教育加强大学生社会主义道德建设

改革开放给中国带来巨变,但是思想政治教育仍坚守传统的"社会本位"目标观,"在整个思想政治教育过程中,目标是使受教育者通过接受教育,更好地维护社会秩序和更积极的从事社会所要求的活动"③。坚持社会本位的思想政治教育观虽有助于国家重要目标的实现,但是社会本位的思想政治教育凸显思想政治

---

① 教育部思想政治工作司组编:《加强和改进大学生思想政治教育重要文献选编(1978—2014)》,知识产权出版社2015年版,第265页。
② 中国互联网络信息中心:《第44次中国互联网发展状况统计报告》,2019年8月30日,http://www.cac.gov.cn/2019-08/30/c_1124939590.htm。
③ 孙其昂:《思想政治教育现代转型研究》,学习出版社2015年版,第253页。

教育的中心任务，在一定程度上不利于大学生的全面发展，对于大学生社会主义核心价值观的培育缺乏效力，使拜金主义、享乐主义在一部分青年人中滋长，社会道德滑坡、诚信缺失、道德冷漠现象时有出现，思想政治教育有效性不足，单纯市场化的价值评价扭曲了人们的道德认识，影响了中国特色社会主义文化的健康发展。因此，需要弘扬红色精神助力思想政治教育，加强社会主义道德建设。

一、弘扬红色精神，提升中国特色社会主义的文化软实力

中华文明以其独特的魅力影响着世界，在多种文化中焕发出耀眼的光芒。红色精神作为中国革命、建设、改革时期培育的精神财富，是当代中国的文化瑰宝。在思想政治教育的发展中，传统思想政治教育曾产生巨大的正面影响，并以强大的惯性影响着高校思想政治教育。中国特色社会主义进入新时代，中国着力推进人类命运共同体的建设，推出"一带一路"倡议，在世界大文化圈内，中国文化与世界文化的互动呈现全方位的态势，在改革开放中注重文化引进的同时，党中央高度重视文化"走出去"战略，向西方输出中华优秀传统文化和社会主义先进文化，加大中国特色社会主义文化的世界影响，据国家统计局的数据，"2012年，我国核心文化产品出口总额为274.55亿美元，比上年增长37.9%，其中，核心文化产品出口217.3亿美元，同比增长16.3%"[①]。积极组织我国优秀的学术成果和文化精品的翻译工作，通过建设国际网站等扩大中华优秀传统文化的对外影响，既注重对中华优秀传统文化和革命文化的对外影响，又注重提升中国特色社会主义文化的影响力。

弘扬红色精神加强社会主义文化建设和传播在新时代思想政治教育中能发挥强大的正面效能。虽然短时期内实现思想政治教育的整体转型有一定难度，但是更新教育理念，加强对中华优秀传统文化、革命文化的继承和发扬，有助于当代大学生正确审视市场经济发展过程中出现的各种现象，在充分吸收中华优秀传统文化的基础上，弘扬红色精神，用红色精神的丰富内涵浸润大学生的理想和信念，提高大学生对各种社会道德文化的判断和选择的能力，用马克思主义的科学世界观武装自己，警惕市场竞争中某些唯利是图思想的影响，帮助大学生树立正确的道德伦理观和价值观。积极实施"引进来"和"走出去"相结合的文化发展战略，使新时代大学生在世界文化碰撞中能更好充当社会主义新文化的传播者。

二、红色精神教育强化社会主义道德建设

新时代加强红色精神教育能够更好地发挥道德模范的示范作用，激发榜样和

---

① 闵桂林、宋三平主编：《井冈山精神与坚定中国特色社会主义共同理想》，人民出版社2014年版，第215页。

典型模范的带头作用,加强当代社会时代精神的教育。中华人民共和国成立后不久,毛泽东同志曾经为雷锋同志题词,树立了新中国的第一位榜样,从此在全国范围内掀起了学习雷锋的热潮。在新中国的建设中,焦裕禄、孔繁森等也以自己独特的人格魅力影响着同时代的青年人,激励他们坚守社会主义道德。改革开放以来,现实生活中涌现出了越来越多的典型人物,如朱光亚、郭明义、郑培民、任长霞、袁隆平、南仁东等,他们从不同的层面反映出当代人的精神状态和道德追求,在社会上起到了正面的积极引导作用。他们作为先锋模范人物其精神品质是可贵的,并具有辐射效应,大学生学习他们的高尚品德并指导自己的行为,有助于在全社会树立起良好的社会风尚。

改革开放以来,建设社会主义市场经济体制,经济生活中的"理性经济人"意识在思想道德领域中产生了影响,社会伦理道德领域出现了一些问题。党的十二届六中全会通过了《中共中央关于加强社会主义精神文明建设指导方针的决议》,党的十四届六中全会通过了《中共中央关于加强社会主义精神文明建设若干重要问题的决议》,都对社会主义的基本道德要求作了完整、系统的表述,"社会主义道德要以为人民服务为核心,以集体主义为原则,以爱祖国、爱人民、爱劳动、爱科学、爱社会主义为基本要求,开展社会公德、职业道德、家庭美德教育,在全社会形成团结互助、平等友爱、共同前进的人际关系"[1]。这两个文件是关于社会主义精神文明建设的重要文献,从中国特色社会主义的高度深刻阐述了新时代道德建设的一系列问题,强调物质文明与精神文明两手抓。党的十七届六中全会通过的《中共中央关于深化文化体制改革 推动社会主义文化大发展大繁荣若干重大问题的决定》,指出了思想道德建设的重要性。

党的十八大以来,中共中央把思想道德建设提高到社会主义精神文明建设的突出位置。"我国的改革开放对于思想道德的影响主要表现在,一方面,适应社会变革和时代要求的新思想、新观念猛烈地冲击着文化包括道德传统,另一方面,西方文化也多方影响和渗透,个人主义、利己主义、功利主义价值观影响深刻,在一些地方特别是农村,落后的封建的道德意识沉渣泛起。"[2] 红色精神具有丰富的内涵,因此红色精神教育有助于推动思想道德建设,也有助于发扬无私奉献精神。

三、弘扬红色精神,促使大学生践行社会主义核心价值观

习近平同志在党的十九大报告中指出,要提升我们的文化自信,加强社会主义核心价值体系的建设,"文化自信是一个国家、一个民族发展中更基本、更深沉、

---

[1] 中共中央文献研究室编:《十四大以来重要文献选编》下,人民出版社1999年版,第2056页。
[2] 乔法容:《中国革命道德:马克思主义中国化的重要理论成果》,《伦理学研究》2012年第6期,第8—13页。

更持久的力量。必须坚持马克思主义，牢固树立共产主义远大理想和中国特色社会主义共同理想，培育和践行社会主义核心价值观，不断增强意识形态领域主导权和话语权，推动中华优秀传统文化创造性转化、创新性发展，继承革命文化，发展社会主义先进文化，不忘本来、吸收外来、面向未来，更好构筑中国精神、中国价值、中国力量，为人民提供精神指引"①。

　　加强红色精神教育，为物质文明提供精神动力和智力支持，如雷锋精神是激励广大社会主义建设者的强大精神力量，雷锋精神中的无私奉献精神，塑造了社会主义建设者新的精神风貌。"如果你是一滴水，你是否滋润了一寸土地？如果你是一线阳光，你是否照亮了一分黑暗？如果你是一颗粮食，你是否哺育了有用的生命？如果你是一颗最小的螺丝钉，你是否永远坚守在你生活的岗位上？如果你要告诉我们什么理想，你是否在日夜宣扬最美丽的理想？你既然活着，你又是否为未来的人类的生活付出你的劳动，使世界一天天变得更美丽？我想问你，为未来带来了什么？在生活的仓库里，我们不应该只是个无穷尽的支付者。"②弘扬红色精神有助于激发人们建设社会主义的热情，为物质文明建设提供思想保证；弘扬红色精神，有助于社会主义核心价值体系的建设，"价值体系是一个民族在一定时代、一定社会中形成和发展起来的，是一定社会、民族在一定时代社会意识的集中反映。价值体系是一个整体系统，包含着丰富的内容和诸多要素，如指导思想、理想、信仰、信念、价值取向、价值评价，等等"③。

　　弘扬红色精神，有助于推进理论创新，坚持把马克思主义基本原理与中国特色社会主义建设的具体实际结合起来，开拓创新，锐意进取，巩固马克思主义在我国社会主义核心价值体系建设过程中的指导地位，认真研究经济全球化过程中中国面临的新机遇和新挑战，深入挖掘红色精神中的有生力量，用红色精神教育人、鼓舞人、引领人，在全社会培育对社会主义建设事业锲而不舍的高尚精神，加强大学生思想政治教育，培育广大青年的坚定信念，充分调动民众建设社会主义的积极性。

第四节　新时代红色精神教育促进大学生全面发展

　　马克思、恩格斯提出人类社会发展的根本目的和核心是实现人的自由全面发展。这不仅体现为人的劳动能力的全面提升，而且体现为人的个性的充分展示。

---

① 习近平：《决胜全面建成小康社会 夺取新时代中国特色社会主义伟大胜利——在中国共产党第十九次全国代表大会上的报告》，人民出版社 2017 年版，第 23 页。

② 红旗出版社编辑部编：《雷锋精神》，红旗出版社 2012 年版，第 33 页。

③ 李新仓、李建森、鞠凤琴编著：《雷锋精神与社会主义核心价值体系建设》，中国财政经济出版社 2013 年版，第 123 页。

每个人能充分发挥自主性，能够进行独立思考、作出判断、从事独立活动，成为社会和自然的主人，同时主宰自身的世界。马克思认为，"现实的人"是人类历史发展过程的主体，他们能依据自身需要开展实践并在实践中获得发展。"任何人类历史的第一个前提无疑是有生命的个人的存在。"[①] 结合新时代大学生的特点，当代大学生的全面发展主要体现在以下几个方面，即培育大学生集体主义和团结协作精神、重视大学生意志品质教育、提升大学生创新能力。

大学生思想政治教育是探索如何实现大学生全面发展的理论，为促使大学生实现全面发展，就需要在实践中培养和发展正确的世界观、人生观、价值观，通过教育实践活动培养学生的意志、性格和品质，锻炼身心、增强体魄，培养大学生积极向上的心理状态。实现人的全面发展需要围绕着学生的各种需要展开，红色精神教育能激发大学生的向上需求，培养多方面的能力。

一、加强红色精神教育，培育大学生的集体主义和团结协作精神

加强红色精神教育，培养大学生的团结协作精神是实现大学生全面发展的一个重要步骤。新时代新阶段党中央指出："以人为本的执政理念，成为了政府和社会普遍认同和接受的一种新的治国理念和价值导向，也是一个大范畴，是指所有人，不仅包括人民群众的整体利益和长远利益，还包括每个个体的个性、人权、自由等。"[②] 作为个体的人，大学生有着各种需求，培育大学生的集体主义和团结协作精神能促进大学生的全面发展。

新时代大学生更加强调个性，但是促使大学生全面发展需要把握大学生成长规律，增强大学生的集体主义意识，促使他们更主动融入集体中，"按照马克思主义人的本质理论，大学生成长不是抽象的、概念意义上的成长，而是根植于一定社会经济关系之中的成长，大学生的社会关系是其成长的基础，这种社会关系按照对大学生成长影响由大到小的逻辑，可依次划分为家庭关系、学校关系、朋辈关系和其他关系，其中伴随互联网成为大学生日常生活不可分割且影响较大的一部分，因网络交往而结成的新型社会关系也逐渐成为影响和制约大学生健康成长的关键因素之一，所以大学生成长规律不是人的头脑风暴的产物，而是这种根植于现实经济社会基础之中的成长活动的内在的、本质的、必然的联系"[③]。当代大学生的健康成长离不开集体，但是当代大学生的集体意识并不强，大部分当代大学生一直生活在被高度关注的环境中，他们是家庭的中心，但这不利于大学生的全面发展。弘扬红色精神，激发大学的集体意识，是促使大学生全面发展的一个重要途径。

---

① 《马克思恩格斯全集》第 1 卷，人民出版社 2006 年版，第 6—7 页。
② 张海峰、周洁：《坚持以人为本 更好地为人民服务》，《党史博采》2011 年第 5 期，第 43—44 页。
③ 杨晓慧：《当代大学生成长规律研究》，人民出版社 2010 年版，第 23 页。

红色精神中有着丰富的素材,如中国共产党在延安时期物质极为匮乏的情况下开辟南泥湾,不仅解决了革命军队的物质供给,而且将贫乏的南泥湾建设成了陕北的好江南,并孕育出了南泥湾精神,体现了延安军民的"自力更生、艰苦奋斗、奋发图强的革命英雄主义和革命乐观主义精神"①。"心中装着群众,唯独没有他自己",雷锋"把有限的生命投入到无限的为人民服务之中去"。而大庆人"在艰苦创业过程中形成了生动的'六个传家宝'即人拉肩扛精神、干打垒精神、五把铁锹闹革命精神、缝补厂精神、回收队精神、修旧利废精神,以及不怕死、不怕任务重、不怕要求高、不怕时间急、不怕连轴转、不怕掉几斤肉等'不怕'精神等"②,这些都源于集体的密切合作。

红色精神蕴含着丰富的革命精神,中国革命精神的原则是集体主义,为人民服务是宗旨。毛泽东强调:"全心全意地为人民服务,一刻也不脱离群众;一切从人民的利益出发,而不是从个人或小集团的利益出发;向人民负责和向党的领导机关负责的一致性;这些就是我们的出发点。"③这种要求要落实到每一个党员、每一个青年,让每一个党员内化于心、外化于行,"应该使每个同志明了,共产党人的一切言论行动,必须以合乎最广大人民群众的最大利益,为最广大人民群众所拥护为最高标准"④。革命精神的先进性和广泛性结合在一起,具有重要的理论价值、现实意义和深厚的群众基础。

红色精神源于无产阶级的革命和斗争,发挥红色精神的育人功能,教育当代大学生为无产阶级的阶级利益和全人类解放服务,共产党员引导青年学生加强个人修养,"我们共产党员的修养,是无产阶级革命家所必需有的修养。我们的修养不能脱离革命的实践,不能脱离广大劳动群众的、特别是无产阶级群众的实际革命运动"⑤。共产党作为无产阶级的政党,除了无产阶级解放的利益外,没有自己特殊的利益。中国革命道德的确立是中国伦理史上的一次伟大革命,"它既同以'天命论'为理论依据的封建主义伦理道德相对立,又与建立在抽象的人性论和人道主义基础上的资产阶级伦理道德彻底划清了界限,扫除了笼罩在伦理道德领域的理论迷雾"⑥。"我们党从最初起,就是为了服务于人民而建立的,我们一切党员的一切牺牲、努力和斗争,都是为了人民群众的福利和解放,而不是为了别的"⑦,

---

① 渠长根:《红色文化概论》,红旗出版社 2017 年版,第 68 页。
② 渠长根:《红色文化概论》,红旗出版社 2017 年版,第 81 页。
③ 《毛泽东选集》第 3 卷,人民出版社 1991 年,第 1094—1095 页。
④ 《毛泽东选集》第 3 卷,人民出版社 1991 年,第 1096 页。
⑤ 解放军出版社编:《毛泽东 周恩来 刘少奇 朱德论社会主义精神文明》,解放军出版社 1983 年版,第 107 页。
⑥ 乔法容:《中国革命道德:马克思主义中国化的重要理论成果》,《伦理学研究》2012 年第 6 期,第 8—13 页。
⑦ 人民出版社编:《社会主义教育课程的阅读文件汇编》,人民出版社 1958 年版,第 42—43 页。

因此弘扬红色精神能促使大学生坚持集体主义原则。

红色精神教育大学生全心全意为人民服务，吸取了中华民族优秀传统道德精华，从而实现质的飞跃的过程。"我们不应当割断历史。从孔夫子到孙中山，我们应当给以总结，承继这一份珍贵的遗产。"①

二、加强红色精神教育，重视大学生意志品质教育

弘扬红色精神能坚定人民的意志，发扬坚韧不拔的大无畏革命精神。继承和发扬中国共产党历史上的优良传统，教育青年大学生树立为实现中华民族伟大复兴中国梦而不懈奋斗的价值追求和精神境界。

红色精神塑造了中国共产党的革命道德，也培育了一代又一代意志坚定、品格高尚的革命者。2016年，习近平同志在纪念红军长征八十周年大会的讲话中17次提到"伟大的长征精神"，指出："长征精神就是把全国人民和中华民族的根本利益看得高于一切，坚定革命的理想和信念，坚信正义事业必然胜利的精神；就是为了救国救民，不怕任何艰难险阻，不惜付出一切牺牲的精神；就是坚持独立自主、实事求是，一切从实际出发的精神；就是顾全大局、严守纪律、紧密团结的精神；就是紧紧依靠人民群众，同人民群众生死相依、患难与共、艰苦奋斗的精神。"②

红色精神蕴含着中国共产党优良的革命传统，要求广大青年有坚定的信念、卓越的意志品质。焦裕禄在任兰考县委书记的时候，不仅领导当地人民与严酷的自然环境作斗争，领导大家抗击自然灾害，而且以一个共产党员的标准严格要求自己，对自己的子女也严格要求。改革开放以来，中国特色社会主义道路的探索取得的成就来之不易，总结鸦片战争以来的艰难而曲折的历史过程相关的历史经验，不断丰富和发展红色精神，这有助于当代大学生培育践行社会主义核心价值观，牢牢掌握高校意识形态的主动权。

加强青少年红色精神教育有助于增强大学生的责任感，培养大学生的法治观念和法治思维，使当代青年形成强烈的责任意识、鲜明的是非观念，敢于坚持真理、纠正错误，敢于与错误行为作斗争。

三、红色精神激发大学生创新能力

中国特色社会主义进入新时代，我国改革开放的大门会进一步敞开，新时代要弘扬以爱国主义为核心的民族精神和以改革创新为核心的时代精神，激发当代大学生的创新潜力，培养当代大学生的创新精神。当今世界的竞争是人才的竞争，

---

① 《毛泽东选集》第2卷，人民出版社1991年版，第534页。
② 习近平：《在纪念红军长征胜利80周年大会上的讲话》，《人民日报》2016年10月22日，第2版。

新时代的社会发展对人才的发展提出了更高要求，全面建成小康社会需要大学生能在国家建设中发挥更大的作用。但是，当代大学生的创新能力仍表现出创新的主动性不够和创新的持久性不足等问题，弘扬红色精神，激发大学生创新的主动性，启发大学生的责任自觉，红色精神能够发挥较大的作用。通过红色精神教育激发他们对国家和民族的责任感，促使他们胸怀天下，忧国忧民，在国家整体发展的大势中，萌发更强的创新意识，在社会主义建设中贡献自己的聪明才智。

发扬红色精神的育人功能，把握新时代红色精神的内涵。红色精神是一个不断发展的理论体系，其内涵随着社会变革而不断丰富，以雷锋精神为例，定位于大学生的全面发展，红色精神的教育具有多层次、多维度的特征，对雷锋精神的体认与学习者的生活联系紧密。雷锋精神能够激励了几代人，正是因为其自身的这种与时俱进的特点，"雷锋精神教育开展之初，雷锋被塑造为'高、大、全'的共产主义人格的完美光辉形象，结合时代状况，主要学习的是雷锋的共产主义伟大人格和'忠于革命忠于党'的意识形态内容，是一维的、单层次的、纯粹的雷锋精神；随着时代的发展，随着专家学者对雷锋精神内涵的研究和挖掘，雷锋形象更加丰满、雷锋精神更加丰富，雷锋精神被解读为包含共产主义理想信念、社会公德、职业道德以及个人优良品质等多层次体系"①。从高高在上的雷锋到普通民众的雷锋，红色精神自身的发展也告诉大学生思想政治教育创新永无止境。

红色精神的丰富内涵有助于激发当代大学生的创新意识，增强大学生创新的持久力，如中国共产党领导的中国军队创建井冈山革命根据地不仅体现了他们的坚强意志和革命斗志，在井冈山革命根据地的创建和建设过程中，井冈山军民先后建立了被服厂、印刷厂，发行了"工"字银圆等，也体现了井冈山军民的艰苦奋斗的意志和革命创造精神。红色精神孕育和发展的过程体现了根据地军民的卓越智慧和创新能力。

红色精神激发大学生的创新潜力，不仅需要大学生有专业能力，更需要大学生有良好的意志品质，不仅能中流击水而且可以逆水行舟。1993年4月，胡锦涛同志在视察井冈山时指出："井冈山精神有丰富的内涵。在新的历史条件下，发扬井冈山精神尤其要弘扬以下三个方面：第一，实事求是、敢闯新路的精神；第二，矢志不移、百折不挠的精神；第三，艰苦奋斗、勇于奉献的精神。"②吸收井冈山精神的精华，能增强大学生的责任感，在新时代表现出更强的创新意愿，并在创新过程中能够持之以恒。

红色精神的发展有助于激发大学生的创新意识，使其开启智慧。红色精神自

---

① 高翠欣：《新时期大学生雷锋精神教育研究》，中国地质大学出版社2018年版，第49页。
② 李忠、涂薇薇：《胡锦涛同志关于弘扬井冈山精神的重要论述及现实意义》，《毛泽东思想研究》2008年第5期，第105—109页。

身的发展变化也激励当代青年的创新,启发当代大学生综合分析环境中的各种因素,面对问题寻找解决问题的办法。红色精神有助于激励大学生勇于面对困难,寻找解决问题的办法。

新时代红色精神教育对大学生人文素养和科学精神的培养具有启示意义,服务于实现社会主义建设的目标,红色精神能激发培养具有责任感和创造力的社会人。结合红色精神教育关注大学生的行为养成,为实现大学生的全面发展,要将人文教育与科技专业教育相融合,激发大学生的创新活力。

红色精神激励大学生实现自由全面的发展,在新形势下吸收红色精神的精神内涵使大学生的劳动能力全面提升、人的个性得以全面展示,从而在交往过程中增强自我意识和反思意识。

第五章
新时代红色精神与大学生思想政治教育方法创新

中国特色社会主义进入新时代对高校思想政治工作提出了新的要求，新时代高校思想政治教育工作作为我国高校育人工作的重中之重，服务于全面建成小康社会的目标、服务于为实现中华民族伟大复兴中国梦的人才培养需要，需要把握时代特征，适应时代新的要求，继承和发扬我国思想政治教育实践探索的宝贵经验和优良传统，创新思想政治教育方法，不断提升大学生思想政治教育的效果。大学生思想政治教育方法是连接思想政治教育主体与客体的重要中介因素，是达到思想政治教育目的的工具。"思想政治教育方法是人们在长期的教育实践活动中形成的关于思想政治教育活动的法则，就其本质而言，是人们对思想政治教育客观规律的科学把握与自觉运用。"①回应新时代高校思想政治教育面临的挑战需要优化思想政治教育的方法。新时代进行红色精神教育，运用系统的思维方式，关注大学生的全面发展，优化思想政治教育的方法，能有效提升思想政治教育的效果。

第一节　新时代创新大学生思想政治教育方法的必要性

党的十九大报告指出："经过长期努力，中国特色社会主义进入了新时代，这是我国发展新的历史方位。"②新时代大学生思想政治教育面临着许多新的问题。随着世界经济全球化的发展，全球文化融合的趋势更加凸显出来，开放的社会环境使我们进行思想政治教育的环境更加复杂多变，有效回应思想政治教育环境的新变化，有必要转变思想政治教育方法，更有针对性地开展思想政治教育，回应

---

① 陈万柏主编：《思想政治教育学原理》，中国人民大学出版社2013年版，第171页。
② 习近平：《决胜全面建成小康社会　夺取新时代中国特色社会主义伟大胜利——在中国共产党第十九次全国代表大会上的报告》，人民出版社2019年版，第10页。

高校思想政治教育工作面临的新挑战。

一、开放中国新视界的要求

中国特色社会主义进入新时代，我们从站起来、富起来到强起来，关于新时代的总体方针，习近平同志指出我们对外开放的门是不会关闭的，而且会越开越大，改革开放带来的社会转型使中国视界从关注国家建设、国内发展，转向面向世界、面向时代发展的新变化。开放的中国背景下，高校人才培养目标从单纯的政治性导向向社会性导向的转变，人才培养从本土化、专业化向着国际化、复合型人才转变，教育工作既要体现中国特色又要呈现世界品味，在注重政治导向的同时，更强调以优质的教育促进学生学术与学业、品性与品位的提升，注重适应力和竞争力的全面发展、均衡发展，旨在将学生培养成具有中国情怀和世界视野的新人，培养成为中国特色社会主义事业的优秀建设者和可靠接班人。

然而，由于网络传播的隐蔽性和意识形态领域斗争的复杂性、严峻性，中国青年一代放眼世界、走出国门时，容易受到西方意识形态的干扰渗透，"在社会转型时期，思想政治教育的社会认同度一直成为突出问题，这在很大程度上弱化了思想政治教育的独立性"[①]。这对高校牢牢掌握意识形态领域主动权、话语权带来了极大的挑战。

面对这一崭新而复杂的时代课题，高校思想政治教育工作者必须深刻认识意识形态领域斗争的复杂性、严峻性，辩证看待开放给新时代大学生思想、信念等意识形成带来的影响，更加主动地做好思想政治教育工作，既要不断提升教育内容的时代性，使其能够在开放时代中、国际视野下保持旺盛活力，也要敢于发声、善于发声，不断加强高校主流文化建设，牢牢占据高校这一意识形态阵地前沿的制高点。同时，应当加强国际性人才建设，开阔学生的国际视野，完善国际交流人员思想政治教育制度，让学生既能"走出去"更能"走回来"，指引学生在充分的国际交流中树立正确坚定的理想信念。

二、适应信息时代的必备因素

新技术发展是新时代的显著特征，在一定程度上影响着大学生思想政治教育的成效。高校思想政治教育从依赖多媒体技术、信息技术进行授课，到建立微平台、应用大数据、依托移动互联网开展全方位教育工作，高校思想政治教育既面临着信息时代带来的新的机遇也面临着新的挑战。在信息爆炸的时代，中国社会结构从总体性社会向分化性社会转变，社会自由空间扩大，社会评价标准的主导

[①] 孙其昂：《思想政治教育现代转型研究》，学习出版社 2015 年版，第 291 页。

权向思想政治教育受体转移，对思想政治教育信息的选择、判断标准也发生了变化，新时代高校思想政治教育呈现出信息开放性、交流互动性、传播便利性等特征，网络也使学生在信息接收方式上更加自主、多元，而为了回应社会变革的新变化，学生也体现出更强的自主性，这增大了教育管理工作的难度，也在一定程度上削弱了高校思想政治教育的成效。

当下的思想政治教育面临着网络时代的新形势，急需开辟网络思想政治教育的新路径。微时代下的网络媒体与思想政治教育的结合需要增加一定的"润滑剂"，搭建一系列有吸引力的思想政治教育微平台，解决当下网络思想政治教育的难题，借助当代青年人中较为流行的直播、短视频、微电影等新型传播方式，以一种更便捷、更有效、更直观的途径分享思想政治教育的经验，落实高校立德树人的根本任务。

三、适应大学生个人素养培养的要求

新时代高校思想政治教育面临的对象发生了变化，在校学生大多是"95后""00后"，其个人成长环境的独特性决定了他们的价值理念、心理状况、行为习惯，这些因素在一定程度上影响着他们对思想政治教育信息的接受情况。社会大环境的变化对他们的思想认识产生了深刻影响，独生子女"一二四"式的家庭结构，使其成长于家庭关注的中心，在备受重视的成长环境中，大学生形成了更为个体化的性格特征和处理问题的方式，他们比之前一代更敢于表达个人价值主张，"自我为中心"的思想意识体现得更为明显，新时代家庭结构的变化，使当代大学生在正确认识问题、塑造健康人格、树立远大理想、培养坚定信念等方面面临着新问题新挑战，这是高校思政教育工作亟待深入研究的重要方向。

对此，高校在开展思想政治教育时，应当加强价值引导，增强情感关怀，注意表达方式，用更加平等、尊重和温情的方式与学生进行交流，润物无声地开展思想政治教育工作。针对重点学生应建立个人档案，了解学生个人生活的新变化、新困难，有针对性地开展工作。要主动调整完善思想政治教育内容，帮助学生正确认识问题和面临的挑战，通过有针对性的教学活动提升学生的应对能力。积极开展心理咨询工作，主动对有困难的学生进行相应的心理援助。

四、迎接社会文化新动态的必备因素

新时代是自媒体时代，社会文化多元化特征更为明显。传统文化与现代文化并存，东方文化与西方文化相互碰撞，主旋律文化、平民文化及一些糟粕文化等都在影响着我们的生活。①多元文化在拓宽高校思想政治教育的视野空间、提供更为便捷的文化知识获取渠道的同时，也对我们的传统文化与社会主流意识形态产生了冲击，深刻影响着高校思想政治教育的教育内容、教育环境和教育方式。

面对社会文化的新变化，高校在开展思想政治教育的过程中，应当科学、客观地正视多元文化对高校思想政治教育工作造成的影响，秉持"尊重多元文化，唱响主流文化，净化网络文化"的原则，开展以社会主义核心价值观为引领的精神培育，积极倡导红色文化、传统文化等主流文化，加强红色精神教育引导大学生正确辨析外来文化，消除糟粕文化的影响。在充分了解多元文化的基础上，选取合理的多元文化内容和表现形式，助力主流文化宣传，画好校园文化的"同心圆"。积极主动发声，从文化的传播者转变为创造者，善于提供优质的文化产品和服务。不断提升高校思想政治教育科学化水平，形成并完善相关制度体系。

第二节　新时代高校思想政治教育思维方式亟待转换

新时代高校思想政治教育面临的新形势要求高校思想政治教育者转化思想政治教育的思维方式。运用系统思维推进思想政治教育系统的整体优化与发展，统筹兼顾、适当安排，发挥教育工作者的重要作用，在大学生思想政治教育过程中强化思想政治教育效果。大学生思想政治教育的主体主要是由承担高校思想政治教育工作的教师、辅导员、校团委工作人员、校党委工作人员等组成，而大学生群体构成了高校思想政治教育对象的子系统。

一、开展更为有针对性的思想政治教育

传统的思想政治教育强调教师向学生单向输出思想。这种注重教师主体的单向传输过程，在经济全球化和信息多元化传输的当代中国其局限性日益凸显。提升思想政治教育效果激发思想政治教育对象大学生的主体性，是当下思想政治教育思维转变的方向。

运用系统思维开展思想政治教育，"一方面，在思想政治教育系统内部以扬弃的态度优化要素组合和结构功能，在一定条件下选择切实可行的思想政治教育系统优化路径，以期实现对思想政治教育系统的组织、结构和功能的改进；另一方面，在思想政治教育系统外部以开放的胸襟吸纳新的养分和质料，以发展的手段解决解决发展中的问题，制定思想政治教育系统发展战略，发挥思想政治教育系统整体优化发展，促进思想政治教育系统契合社会需要，满足人的全面发展

---

① 许慧霞：《自媒体时代研究生德育困境研究》，华中师范大学出版社2014年版，第52页。

需要"①。加强思想政治教育的系统化，明确思想政治教育的目标，精心选择开展思想政治教育的素材，全面加强思想政治教育的效果。在思想政治教育开展过程中，教师和其他教育工作者充当学生学习的辅助者、道德品质的引领者、超越作为知识思想的传授者的角色。而思想政治教育教育者和受教育者统一于思想政治教育过程中，建立起思想政治教育过程中在对立统一基础上的矛盾的两个方面，开展思想政治教育，提高受教育者的思想品质，坚持以人为本的原则，尊重人、理解人、关心人，充分调动和激发受教育者的积极性与创造性。②

开展思想政治教育，要坚持主客体平等互动的原则，提升思想政治教育主体的主动性，教育者对教育内容、教育形式、教育对象要加强把握，教育者深切把握受教育者的特点，尊重受教育者的需要，激发受教育者的主观能动性，积极改进工作方式和教育方法。开展思想政治教育过程中，应当充分彰显学生的主体地位，切实关注学生的需求，通过扎实的理论素养、丰富的教学内容、生动的授课讲解、感人的温情流露、高尚的品格品德、开阔的视野胸襟、清晰的思维路径，激发学生的主体意识，增强学生学习的主动性，实现由教师主动的传统课堂向学生主动的翻转课堂转换，促使学生参与的双向互动的出现、由教师控制课堂节奏向师生互动控制节奏转换，让学生学于其中、乐于其中、寓教于美、寓教于乐。

二、综合运用多种教育方法提升思想政治教育效果

开展思想政治教育过程中，教育主体综合运用多种教育方法提升思想政治教育的效果，以实现思想政治教育主体和客体的双向互动，激发学生的学习兴趣，如希腊哲学家苏格拉底所描述的：如同点燃火焰一样激发学生的热情，唤醒学生对于学习内容的主观能动性，促使学生主动参与学习、参与课堂、参与讨论、参与研究，使教育内容深入人心、深入灵魂。教师在授课过程中、班主任在管理班级过程中、辅导员在教育关爱学生过程中，充分调动学生的主体意识、参与意识，构建学生参与课堂、参与管理、参与生活的渠道和平台，让学生真正成为学习的主体，主动学习、实践、生活，正确理解、深入认识、切身体会思想政治教育内容。

具体来看，综合运用多种教育方法，实现教学方式的双向互动要求思想政治理论课教师或教育工作者在教育教学中，做到角色互动、情感互动和教学互动。③角色互动，要做到亦师亦友，成为良师益友。既要将自己定位为教师，为学生指明方向、传授知识，引领学生主动学习、积极实践，同时在师德师风方面既要做

---

① 孙其昂：《思想政治教育现代转型研究》，学习出版社2015年版，第127页。
② 本书编写组编：《加强和改进新形势下高校思想政治工作十谈》，人民出版社2017年版，第144页。
③ 骆郁廷：《思想政治教育引论》，中国人民大学出版社2018年版，第81—83页。

到以德立教、为人师表，又要成为学生的知心好友、热心朋友、贴心挚友。大学生思想政治教育的效果取决于教育对学生的触动，注重心灵与心灵的交流，思想政治教育尊重大学生要求独立、受尊重、被信任的愿望，注重对学生的人文关怀，倾听学生的心声，指导学生的困惑，积极营造热烈融洽的思想政治教育氛围，拉近教师与学生之间的距离，使大学生思想政治教育内容进入学生的心底，增加思想政治教育主体和客体的互动，使二者相互学习、相互为师，教师主动向教育对象学习，善于从学生那里获得教学反馈和意见，积极改善和提高课堂质量与工作能力。

综合运用多种思想政治教育的方法，提升思想政治教育中的技术支持，实现多资源多平台协同教育。大学生思想政治教育的对象是人，而人的身心素养及其发展具有多方面性、多层次性，使大学生思想政治教育工作实现全员、全过程、全方位育人。综合运用多种教育方法，构建全员参与的高校思政体系，既要求将全体在校学生作为对象开展教育，做到思想政治教育全员覆盖，同时要求针对高校学生要制订富有针对性的教育方案，提升高校思想政治宣传队伍形成合力的能力，激发思想政治教育客体的主观能动性，提升他们全面参与学生思想政治工作的积极性，构建全过程的高校思想政治教育体系，基于大学生的全面发展，根据学生在思想、情感、体魄等方面的客观发展规律要求，分阶段、有重点地制订思想政治教育方案。全方位育人，要求高校应当从人的发展的各个领域建立思想政治宣传阵地，构建多资源互动、多平台协同的高校思想政治教育体系。

围绕思想政治理论课程这个主渠道，高校思想政治教育呈现出"课上理论学习+课下社会实践"的新变化。例如，北京航空航天大学知行、启明书院将思想政治教育与知识课堂、实践课堂、文化课堂高度融合，体现了合力育人的作用，也让思政课成为深受学生喜爱的热门课。①厦门大学在思想政治理论课外积极开拓校园实践平台，借助无人认领的自行车变废为宝，通过精心设计自行车"用、管、修、赞"等环节，搭建校园思想政治教育实践平台。②温州大学重点关注社区实践思想政治教育，把学生党团建设由学院平移至学区，立足校园宿舍社区，紧贴第二课堂，在学生社区搞党建、团建和大学生思想政治教育工作。"课上理论学习+课下社会实践"的思政教育新模式，拉近了书本和实际、理论和生活、教师和学生的距离，让高校学生边学边做、边做边学、在学中做、在做中学，使思想政治教育"活"起来、"动"起来。

面对"互联网+"的微时代给高校学生带来的新变化，高校思政教育呈现出

---

① 邓晖：《思政教育要形成全方位育人格局》，《光明日报》2015年2月10日，第4版。
② 佚名：《厦门大学打造思政教育新平台 增强育人实效》，2014年12月5日，http://www.moe.gov.cn/jyb_xwfb/s6192/s133/s193/201412/t20141205_180384.html。

"线上学习分享+线下理论实践"的新趋势。各高校积极推动思想政治教育信息化、现代化,特别是思想政治课堂全面进入网络化、移动化、数据化、个性化时代,促进教育与信息技术高度融合,以喜闻乐见的形式实现高效教学。线上网络教育阵地建设方面,华南师范大学基于网络问卷、大数据的思想政治教育,更具针对性,为每一位学员学生提供个性化的教育服务。北京工业大学将手机变成教学工具,自主研发高校思想政治课堂智慧教学软件平台,形成全员互动式智慧教学新模式,通过课前推送预习资料、课上组织全员互动、课下开展互动延续、过程化的量化评估等平台功能,实现全员参与、协作、探究与分享的交互式教学模式,形成了良性的教学反馈机制。北京理工大学运用虚拟现实技术,让学生身临其境地"重走长征路",体验红军在长征过程中遭遇的艰难险苦,为思想政治课提供直观、形象的思维素材,提升教学效果。线下教育实践基地建设方面,华南农业大学加强思想政治教育基础设施建设,打造了全国高校首个思想政治教育与创新创业教育实务化基地——"思创园",形成成果展示、师生交流、互动、主题教育、服务"五位一体"的多功能共享平台。同济大学坚持将思想政治教育、红色教育与社会实践服务相结合,根据地区教育困难实际并依托当地红色文化资源,组织大学生开展"西部支教团""志愿服务西部计划""爱洒定西""情系李庄"定点支教等,重点帮扶西部地区发展教育事业。"线上学习分享+线下理论实践"的思政教育新模式下,网络电台、微电影、公众号、微平台、慕课、微课、微博、手机 App 等形式让课上课下、线上线下融为一体,易班网络社区、高校思想政治官微、思想政治"网络名师"等形式不断开拓网络思想政治教育阵地,真正使思想政治教育深入生活、深入灵魂、深入你我。

需要注意的是,无论思想政治教育的资源多么丰富、平台如何多样,"内容为王"才是思想政治教育有味道、入人心、出效果的关键。综合运用多种思想政治教育方法,在教育形式的转变中,要把握好内容与形式的辩证关系,依托各类资源,特别是当地的、本校的红色资源、革命历史、校园文化、学科优势等,努力提升各平台上思想政治教育内容的价值,做到有广度、有深度、有力度,围绕学生成长、社会进步和国家发展等诸多现实问题,引导学生运用理论发现问题、分析问题、解决问题,做到理论联系实际、联系当下、联系未来。

三、创新思想政治教育理念实现新时代高校思想政治教育话语转型

高校思想政治教育工作是一个复杂的系统工程,提升思想政治教育效果需要创新思想政治教育理念,实现新时代高校思想政治教育话语转型。面对市场逻辑对思想政治教育的挑战,提升思想政治教育话语的效果,实现思想政治教育话语结构的连通化势在必行。首先,在思想政治教育过程中应注重学生、教师、辅导

员、领导干部等多方参与，实现思想政治教育学科话语、学术话语和工作话语的一体化。其次，合理规范思想政治教育不同话语的内容，实现思想政治教育的话语联动。既关注思想政治课程的效果，提升对思想政治教育的重视程度，同时关注学科发展和基础设施建设，加深对立德树人根本任务的认识。解决思想政治教育过程中对思想政治教育的"口头上重视"和被动应对问题，迎接新形势下大学生思想政治教育工作的挑战。思想政治教育工作者在工作中应主动出击、积极作为。

主动建构生动活泼的思想政治教育课堂，实现思想政治教育话语体系的综合运用，提升思想政治教育的质量。利用课堂教育这个主渠道，优化思想政治教育课程内容，实现思想政治教育授课形式的转变。丰富思想政治教育课程内容，拓展思想政治教育的途径，旁征博引、贴近实际，整合大学生思想政治教育的话语体系，增加大学生参与、互动的环节，使教育内容更加容易被了解、受认同、感染人。例如，在北京的高校市级思想政治理论课"名家领读经典"活动、上海的"中国系列"思想政治选修课、天津的思想政治课宣讲"教授团"、湖北的思想政治课名师引领工程、新疆的"经典照耀青春讲堂"活动中，不再是思想政治课教师的耳提面命，取而代之的是诸多名师大家、学术专家、优秀校友、知名人士走上思想政治课讲台，讲自己的故事、讲心中的理想、讲今日的中国，让思想政治课程影响轰动、别开生面；另外，思想政治教育者要主动发声、积极应对，积极主动宣传马克思主义科学理论，坚持不懈培育和践行社会主义核心价值观，壮大主流思想舆论，做大做强正面宣传，向高校学子传递正能量。面对网络舆论、负面事件、热点事件等对高校学生意识形态的影响，高校思想政治教育工作者应增强主动性、掌握主动权、打好主动战，时刻关注社会动态变化，做到第一时间积极应对，在主流媒体和网络平台上主动发声、表明态度，对一切谣言敢于亮剑并及时纠正，对突发事件及时通报、消除影响，对学生关切及时回应、做好安抚。例如，中南大学积极应对微时代的挑战，依托校、院、班、学生会、社团五级微博体系和学校领导、教学名师、辅导员、优秀学生等四类人群开设达人微博，推出微调查、微话题等系列版块，打造思想碰撞平台和意见领袖，正面回应师生困惑，凝聚学生情感。思想政治教育工作需要多元主体共同参与，如果学生、教师、辅导员都能够参与学校思想政治教育政策制定、制度建设、内容研发、监督评价等过程，让多元主体在思想政治教育工作中都拥有话语权，只有这样才能调动各群体学习与工作的积极性，从而提升思想政治教育的有效性。例如，延安大学通过建立校、院两级学生自主管理指导委员会和班级、宿舍自主管理服务组织，出台相关实施办法和管理机制，让教师退居幕后研究，引导学生走到台前开展思政教育活动的策划、组织、实施工作，形成了一大批贴近学生实际、具有亲和力、具有特色的思想政治活动。

创新思想政治教育理念，加强新情境的思想政治教育沉浸方式的运用。"随风潜入夜，润物细无声"，转变填鸭式的照本宣科、一味灌输的教育，增加思想政治教育话语的艺术性，使思想政治教育如春雨一般浸润心灵、感染人格，让大学生在潜移默化中受到熏陶。习近平同志在全国高校思想政治工作会议上就曾强调："要注重文化浸润、感染、熏陶，既要重视显性教育，也要重视潜移默化的隐形教育，实现'入芝兰之室久而自芳'的效果。"①这就说明高校在重视课堂教学等显性教学的同时，要注意教育环境特别是校园环境对大学生思想、人格和素养的影响，要善于构建校园人文环境，培育优秀的校园精神文化，让文化育人这一无形之手发挥作用，用恬静淡雅的校风、纯正质朴的学风、团结奋进的班风、孜孜不倦的教风浸润人心、感染品格、熏陶气质，让学生在沉浸中受到思想政治教育。

创新思想政治教育理念，促进文化设施建设，增加形象化的思想政治教育话语的运用。一是要搭建文化育人阵地。高校应加强文化场馆建设及内涵挖掘，让校园里的历史建筑、博物展馆、礼堂乐厅、读书空间等成为文化育人的重要阵地，及时修缮维护历史建筑，完善文化场馆功能，为高雅艺术进校园、师生文艺演出、学术论坛等人文活动提供场地。高校可以根据自身特色、地方特色、历史特色规划建设文化特色景观，建设形成如人文长廊、文化景观亭、纪念碑、石刻雕塑、文化故事墙等景观设施，鼓励学生参与文化设施的设计、建造和管理过程。例如，南京大学鼓楼校区通过设立文化雕塑群的方式，承载学校悠久历史、纪念高校著名校友、彰显南京大学文化传统，使师生感受到浓厚的校园文化。二是要拓展文化教育载体。徽章旗帜、标语训言、仪式仪典、书法字体、影像影视、歌曲曲艺等文化符号都是文化传播和教育的重要载体，应当深入挖掘这些文化符号的重要内涵，形成并规范具有校园特色的庆典仪式流程和基本礼仪，围绕人文历史建筑、著名校友学者和重要文化符号开发文化衍生产品与服务，鼓励学生参与文化产品和服务的设计过程，努力打造文化产品和服务品牌。例如，为纪念马克思诞辰200周年，动漫《领风者》运用漫画的形式将千年思想家马克思引入了二次元空间，讲述一代伟人卓尔不凡的成长和思考，在"网络一代"中刮起了一阵旋风，给了更多人认识马克思和马克思主义科学理论提供了契机，收到了无数好评点赞。三是要打造文化育人平台。从学校层面的纪念活动、校园媒体、实践教育，到二级学院层面的学术讲座、比赛竞赛，再到学生组织层面的社团活动、文艺创作，多个层面、各类活动、不同渠道共同构成了多平台联动的学校文化教育体系，不仅让学生成为接受思想政治教育的对象，也让他们成为各类活动、平台和组织的参与者、设计者、组织者、

---

① 习近平：《习近平在全国高校思想政治工作会议上强调：把思想政治工作贯穿教育教学全过程 开创我国高等教育事业发展新局面》，2016年12月9日，http://dangjian.people.com.cn/n1/2016/1209/c117092-28936962.html。

实践者，让他们在主动参与中增强意识、锻炼能力、完善自我，实现高校学生思想政治教育自我管理和自我创新。例如，上海交通大学研究生会连续多年组织"全球大学生话语短诗大赛"，将中华优秀传统文化与新媒体有机融合，开创了文学类比赛直播模式，使文化影响人、感化人产生了极大的倍增效应。

创新思想政治教育理念，提升思想政治教育话语的针对性，开展精准教学。一般来说，教育往往是教师一个人在台上讲、学生在台下听，往往是一个辅导员对接上百个学生，既要关注学生思想、心理状况，又得关心学生学习成绩、生活状况。传统的"一对多"模式，尽管有利于教师集约化开展教学工作，但这样的教育并不能真正满足学生受教育的需求。分门别类，因材施教，是我国伟大的教育家孔子毕生推崇的教育理念。处在新时代的高校思想政治教育工作者，在互联网和大数据技术的帮助下，更容易做到精准识人、精准施教、精准关注，为学生量身定制个人化、精准化的教育方案，把思想政治工作做到学生心坎里，真正实现精准教学。

一是教师应转变思想政治教育方式，在课堂教学中要关注学生，对大学生实施"精准滴灌"教学。"互联网+"模式不仅把课堂教学从线下搬到线上，更使得课堂教育可以变成符合每个人需求的精准教育。传统课程教学的 45 分钟或 90 分钟一讲被切成了 5~8 分钟的独立视频搬上慕课平台，平台上所积累的数据为精准教学和自适应学习奠定了基础，学生可以打开电脑或手机观看教学视频，充分利用自己的空余时间完成学习计划，还可以根据自身需要和学业规划要求在平台上"选菜点单"，选择适合自己的课程进行学习。例如，清华大学积极推动思想政治慕课建设，马克思主义学院副教授冯务中在慕课的基础上进行混合式教学模式探索，将慕课视频、课堂讲授、小班讨论、课下作业四大要素统筹起来，让学生在思想政治教育中更具主动性。二是要在生活中关注学生，变"普遍撒网"为"个别关照"。教师要多到学生中调查研究，做到"一把钥匙开一把锁"，想学生之所想，解学生之所惑，增强问题导向和现实关照，使每个学生都能够实现主动的、健康的、全面的发展。例如，上海师范大学开设"人生导师"主题沙龙，邀请名师大家参与，面对面与学生交流学术感悟、人生理想、生活烦恼等贴近实际和学生生活的话题。同时，还应建立双向选择制度，让学生与导师平等交流、自由交流。三是要在网络上关注学生，变"面面俱到"为"精准发力"。要做到时机精准，在关键时刻主动出击"抢时间"。例如，北京邮电大学善于抓住时间节点，将新生教育与网络新媒体建设发展结合起来，开发"易迎新""易成长"等手机应用，推出"北邮 tips"新生入学图文、视频专辑，涵盖迎新安排、信息登记、安全教育等内容，帮助新生提前参与迎新工作，缩短入学适应时间。四是要做到关怀精准，运用大数据精准识别关怀对象，实现思想政治教育"暖人心"。例如，桂林电子科技大学利用学生选课记录、进出图书馆、寝室及食堂用餐、超市购物等大数据，找到校园中 800 多个"最孤独"的人，并根据分析结果指导学校和家长予以重点关爱。

第三节 新时代红色精神对大学生思想政治教育的重要作用

红色精神是党在革命、建设和改革中形成的宝贵精神财富。党的十八大以来,习近平同志曾先后到延安、井冈山等革命圣地考察,反复强调红色精神的现实意义。新时代让红色精神闪耀出新的时代光芒,要把红色资源利用好、把红色传统发扬好、把红色基因传承好。新时代背景下,红色精神承载着新的历史使命,其内涵决定了红色精神教育与思想政治教育同向同行,决定了红色精神具有融入并发展大学生思想政治教育方法的价值意义。

一、新时代赋予红色精神教育新使命

"时代是思想之母,实践是理论之源。"所谓时代是指人类社会发展过程中的不同的历史阶段,而时代特征则是指与特定时代相适应的国际政治经济关系的基本状态,以及由当前的基本矛盾所决定和反映的基本特征。不同时代由于社会基本矛盾的不同,都必然有其时代的特色。中国特色社会主义进入新时代,中国特色社会主义初级阶段的基本矛盾已转变为人民日益增长的美好生活需要和不平衡不充分的发展之间的矛盾。面对新的时代特征,以红色精神为主题的高校思想政治教育,也应当在传承和弘扬红色精神的基础上,深化思想内涵,丰富教育内容,促进创新创造,从而不断彰显其时代特色,为高校思想政治教育赋予新时代新的使命,彰显红色精神教育的时代特色,应当注意以下几个方面。

第一,要彰显红色精神思想内涵的时代特色。习近平新时代中国特色社会主义思想是当前我党马克思主义中国化的最新理论成果,为当前及今后一段时期高校开展红色教育工作提供了核心内容,指明了根本方向。新时代,高校围绕红色文化和红色精神开展思想政治教育工作,必须进一步拓展红色教育的政治视野,提高红色教育的理论站位,把习近平新时代中国特色社会主义思想贯穿红色教育的始终。高校应当以丰富的红色文化资源为依托,从历史和现实相贯通、理论和实践相结合的角度,不断弘扬红色精神的新时代主题,在红色教育中生动阐释习近平新时代中国特色社会主义思想的精神实质与时代意义,使红色教育成为牢固树立"四个意识"、坚定"四个自信"的重要法宝。

第二,要彰显红色精神教育内容的时代特色。开展以红色文化为主要内容的思想政治历史教育,不能照本宣科、囿于理论,或者不接地气、高高在上,而是要凸显在当前经济社会发展过程中传承发扬红色文化的价值和作用,善于运用当代话语阐述历史,善于借鉴历史经验分析当代,从"现象级"、社会性的话题入手,

从现实上升到理论,再将理论回归现实、指导现实。例如,清华大学美术院将红色教育与专业相结合,举办"思想政治理论课学生艺术作品展",在历史与现实的交汇融合中寻求创作主题,让学生在艺术作品的创作和欣赏中追寻传统。复旦大学的"治国理政"、同济大学的"中国道路"、华东理工大学的"绿色中国"、东华大学的"锦绣中国"等上海高校开设的50多门"中国课",形成了一校一特色的"中国系列"思想政治选修课体系。课程既带领学生了解基本国情和国家建设现状,也要充分结合各高校的学科特色,生动活泼讲述中国故事,深入浅出彰显中华优秀传统文化,旁征博引体现中国视野,热情澎湃树立中国自信,将历史与现实、理论与实际之间的距离贴得更近。

第三,凸显红色精神的时代价值,彰显文化服务创新创造的时代特色。近年来,故宫文创成了青年文化生活中亮眼的一景,一系列有趣、有料、有颜值的故宫文创产品,让龙袍亮起来、让建筑动起来、让瓷器时尚起来。一改刻板印象的文化传承创新形式,让传统文化进入人们视野、进入现代生活,让我们与传统文化走得更近。红色文化也不是一成不变的,不是只有在革命圣地、红色景区、博物展览的环境下才能显示价值和意义,过往的传统和文化吸入新的成分,在时代的进步中既保留本质和基因不变,又敢于创新、善于创造,只有这样才能使真正的传统得以传承和发扬。高校在开展以红色文化为主要内容思想政治教育时,要善于依托地域红色文化资源、校园红色文化资源,积极创造富有时代特色的文化产品和服务。例如,上海交通大学依托钱学森图书馆,面向社会弘扬钱学森精神、宣传爱国主义和科学精神,开馆至今,累计接待观众近90万人次,推出各类原创展览近20个,全国巡回展览50余场,主题教育活动1000余场,为高校学子和社会提供了思想政治学习与文化育人平台。

二、红色精神与思想政治教育的契合性

(一)红色精神融入课堂教育深化思想政治教育内涵

课堂教学涉及的课程包括思想政治理论课、综合素养课程、专业教育课程,所有的课程组成一个整体,发挥红色精神教育在理论教育中的核心作用,弘扬红色精神自身的特点。课堂教学是一种系统的教育,有明确的教学目标、规范的教学内容、完整的教材体系、多样的教学手段和客观的教学考核,因其具有较强的可控性,加之弘扬红色精神,有利于抵制西方腐朽的意识形态、封建落后的意识形态等错误观念对高校大学生产生的消极影响。以上海为例,全国高校思想政治工作会议召开之后,出台《上海高校"课程思政"教育教学体系建设专项计划》,引导高校思想政治教育以"课程思政"为载体,探索"知识传授与价值引领相结合"的有效教育路径。引入红色精神内涵,推进"课程思政"改革,加强大学生

价值观培育和塑造，通过"基因式"融入所有课程，将思想政治教育贯穿学校教育教学的全过程，将教书育人的内涵落实在课堂教学主渠道，让所有课程都上出"思政味道"、都突出育人价值，让立德树人"润物无声"。①

在课堂教育体系中，思想政治理论课承载着对大学生进行系统的马克思主义教育、中国近现代史教育、思想道德修养与法律基础教育、形势与政策教育的任务，帮助学生树立正确的世界观、人生观、价值观，坚定对马克思主义的信仰，确立中国特色社会主义共同理想的重要途径，是红色精神教育的主阵地、主课堂、主渠道。而红色精神的内涵决定了红色精神教育是围绕着马克思主义理论教育、理想信念教育、革命精神教育及社会主义核心价值观教育等展开的。由此可见，高校思想政治理论课在红色精神教育中的主渠道作用是毋庸置疑的。

加强红色精神在专业课程中的融入，提升其育人功能。专业课程学分在高校人才培养计划中占主要部分，主要传授专业技能知识。发挥专业课的育人作用是高校思想政治教育的工作重点和突破点，近年来，上海中医药大学、上海外国语大学等学校的专业课程融入思想政治教育的改革实践证明：以专业技能知识为载体加强大学生思想政治教育，比纯粹思想政治理论课更有说服力和感染力，这样可以最大限度发挥课堂主渠道功能，扭转专业课程重教学、轻育人的情况。②由此看来，在纯粹的自然学科教学中如何做到将理论教学与红色教育有机结合，关键是要充分挖掘自身学科特色和优势，提炼专业课程中蕴含的文化基因和价值范式，把价值观培育和塑造通过"基因式"融入专业课程③，在"润物细无声"的知识学习中融入红色精神的内涵教育。

加强对大学生精神品质、内在人格、人文素养的培养，在人文社会科学教育中强化中华优秀传统文化教育，深入开展红色精神教育，开拓大学生的视野，引导大学生塑造高尚人格，提升思想境界。

（二）红色精神能够融入校园文化活动

校园文化活动是高校"第二课堂"的重要组成部分，校园文化活动是传播先进文化的重要途径，也是实施红色精神教育的有效载体。推进红色精神教育，必须充分挖掘和发挥校园文化活动的功能。良好的校园环境总是以其特有的"象征符号"向学生潜在地传导某种思想、规范和价值标准。④

将红色精神教育融入校园文化活动，建立健全活动管理体制，注重大学精神培育与红色精神教育的有机结合，结合校史、校情教育，推动红色精神进校园，

---

① 虞丽娟：《从"思政课程"走向"课程思政"》，《光明日报》2017年7月20日，第14版。
② 虞丽娟：《从"思政课程"走向"课程思政"》，《光明日报》2017年7月20日，第14版。
③ 张俊玲：《将"课程思政"理念基因式融入专业课堂教学的探索》，《教育教学论坛》2018年第46期，第49—50页。
④ 金文涛：《解读高校校园文化的思想政治教育功能》，《教书育人》2010年第21期，第50—51页。

提升校园文化活动的精神品味，让红色精神入耳、入脑、入心。

（三）红色精神能够融入社会实践

创新思想政治教育，需要加强社会实践。社会实践是大学生了解社会、认识国情、增长才干、奉献社会、锻炼毅力、培养品格的重要途径，大学生开展社会实践，经过"内化—外化—内化"过程的反复实践中树立正确的世界观、人生观和价值观，并通过搭建"需要—动机—行为"联系的桥梁，将个体意识"外化"为行为习惯和思想意识，从而能够树立成长为中国特色社会主义事业的合格建设者和可靠接班人的奋斗目标。

红色精神的内涵特征决定了其融入社会实践可以分为如下两个层面。第一层面是直接利用红色文化教育资源，开展诸如井冈山、延安等红色文化基地参观、体验和学习，组织学习雷锋精神、长征精神等纪念活动，这一类型的社会实践主题鲜明，在实践过程中大学生能够切身体验红色精神的内涵与实质。第二层面是大学生结合社会热点和专业发展，开展内容丰富、形式生动的主题实践活动，在过程中引导大学生践行吃苦耐劳、艰苦奋斗、敢于担当、科技创新等红色精神，加深对红色精神的理解，达到知行合一的效果。

第四节　新时代红色精神改进大学生思想政治教育的方法

中国特色社会主义进入新时代，对党和国家的工作提出了许多新要求，思想政治教育应根据新时代新矛盾新目标新任务等，加强红色精神教育，丰富红色精神创新思想政治教育的方式方法，提高思想政治教育的针对性和有效性，适应新时代中国特色社会主义的新发展。

一、开展红色精神教育，加强思想政治教育的系统性

思想政治理论课教师和哲学社会科学课教师担负着对大学生进行马克思主义理论教育、思想品德教育和人文素质教育的任务，对于全面提高大学生思想政治素质具有重要的指导作用。开展红色精神教育充分将红色精神融入思想政治教育，需要坚持系统论的思想，形成一批有助于思想政治教育工作有效开展的研究成果；在课堂上充分讲解和演绎红色精神，将红色精神的内涵融会贯通于马克思主义基本原理、共产党执政规律、社会主义建设规律和人类社会发展规律的讲授中，引导学生从思想政治理论和哲学社会科学的角度深入分析与理解红色精神，提升理论知识水平，进而将红色精神内涵科学地运用在学习、工作、生活等各个方面，

树立正确的价值观。

加强红色精神教育，系统开展思想政治教育，促进了全员育人德育目标的贯彻与落实。辅导员、班主任、导师等工作在高校思想政治教育工作的第一线，协调、实施思想政治教育工作，承担着红色精神理论教育的任务，需要将红色精神教育理念融入日常育人工作中，对于大学生深入理解红色精神的内涵和精髓，并内化为自身学习、科研、工作、生活中，具有重要作用。

加强红色精神教育，培养大学生的健全人格。加强心理咨询教师对学生心理健康教育工作，增强大学生的心理素质、提高大学生的思想意识、健全大学生的政治人格和道德人格、推动大学生自由全面的发展。心理咨询教师要充分挖掘红色精神中蕴含的丰富的育人内涵，寻找红色精神与心理健康教育的结合点，从而激发大学生的精神动力，健全大学生的政治人格和道德人格。

打造一支学习成绩较好、思想政治素质较高、具有较高的政治敏锐性和是非鉴别力、在学生中具有一定的威信、乐于从事思想政治教育的学生组建朋辈教育队伍。[①]激发他们参与红色精神教育的工作热情，依托班级、党团支部、社团、网络、生活社区、校园文化活动等平台，不断创新教育形式，拓展朋辈教育的空间，不断增强红色精神融入思想政治教育的科学性和有效性。发挥班长等班级干部、党支部书记、团支部书记等的朋辈示范作用，激活高校思想政治教育的"细胞"，组织红色精神教育主题活动，抓住网络这一载体，利用信息化技术，传播红色精神，鼓励挖掘红色精神教育内涵、创新红色精神展现形式，形成一批品牌活动。

侧重红色精神中理想信念、进取精神等内涵的教育，针对大三、大四等高年级学生，他们对自身知识的扩展、能力的提升有迫切需要，因此鼓励他们积极参与党团活动、社会实践活动；侧重红色精神中的"钉子"精神、奋斗精神等内涵的教育，针对研究生，他们更关注专业成长和个人发展规划，因此应当从提供支持的角度进行教育；侧重红色精神中的艰苦奋斗、实事求是、爱岗敬业等内涵的教育。

二、综合运用多种方法开展红色精神教育

开展红色精神教育，坚持灌输教育与渗透教育相结合。提炼红色精神成果，探索和构建将红色精神融入并丰富思想政治理论课教育的内容体系。充分发挥宣传部门、文化部门、高等院校、社会科学研究部门、企业、学术团体等各种社会力量的作用，共同参与和推动红色资源的开发与研究，并结合新时代新形势，充分挖掘红色资源的特点和优势，紧密结合当前我国社会主义现代化建设中弘扬和培育民族精神、构建社会主义核心价值体系的实际需要，创造性地进行归纳、提

---

① 潘爱华：《朋辈教育模式在高校思想政治教育中的实践》，《学校党建与思想教育》2011年第20期，第45—46页。

炼和提升，探索和构建以"红色理论—红色道路—红色文化—红色精神"为主线的集物态、事件、人物、精神于一体的红色精神教育教学内容体系。[①]

推进红色精神成果进课堂、进教材，制订切实可行的教学方案。在思想政治理论课的各门必修课中都可以而且应当融入红色资源的内容，或者与课程教学内容有机结合。例如，在"毛泽东思想和中国特色社会主义理论体系概论"课教学中，就可以贯通红色革命理论与党的先进性理论、红色革命道路与中国特色社会主义道路有机结合的教育教学，揭示其渊源关系，"再生"其本源性的思想理论教育价值和适时性的教育教学内容；又如，在"思想道德修养与法律基础"课教学中，贯通红色革命文化和红色革命精神的教学内涵，贯通红色文化与先进文化、红色革命精神与改革开放时代精神的一脉相承性及发展性，彰显其教育教学资源优质特色性和真实性；再如，在"中国近现代史纲要"课教学中，把红色革命历史与其教学内容体系接轨、融通，"再生"出红色革命历史的价值和育人价值。同时，还可以安排红色资源的专题教学模块，各学校可以根据本地方的实际情况开设各种红色资源特色教学，或者开设突显红色资源教育的课程，并对学生提出相应的学习任务要求。高校思想政治理论课在认真选用教育部统一组织编写的教材外，还应适配红色资源特色教育教学的实施，选定开发相对应的内容进教材，主要围绕帮助大学生了解中国共产党领导人民进行革命斗争的光辉历史和革命先烈的英勇事迹，认识中国革命斗争的基本道路和经验教训，把握中国共产党人在革命斗争中所创造的革命文化和精神的丰富内涵、实质与时代意义，重在体现地方特色，突显历史的深刻思想内涵和理论价值，从而满足思想政治理论课教育教学的需要，体现红色资源运用的吸引力和感染力，从而收到较好的效果。[②]

以渗透教育的方式开展红色精神教育有助于提升思想政治教育的效果，渗透教育的实施形式主要包括主体人格感召式、有益活动倡导式、环境氛围熏陶式和大众传媒牵引式，将红色精神融入渗透教育各种形式可以充分发挥红色精神在思想政治教育中的作用。[③]

主体人格感召是遵循以身作则、率先垂范的原则，一方面重视发挥教师的人格魅力和示范教育作用，加强高校教师的师德师风建设，提高教师掌握红色精神的理论素养和运用红色精神的业务水平，牢牢把握"立德树人"这一根本任务，并注重挖掘和宣传教师中的先进典型人物，提高他们的示范力、凝聚力、感染力，感召和震撼大学生。另一方面，重视发挥大学生的榜样作用，特别是大学生党员

---

① 李康平：《论红色资源在思想政治理论课运用的价值与路径》，《思想理论教育导刊》2010年第4期，第67—70页。

② 李康平：《论红色资源在思想政治理论课运用的价值与路径》，《思想理论教育导刊》2010年第4期，第67—70页。

③ 李响：《高校德育工作中渗透式教育研究》，福建师范大学2012年硕士学位论文，第Ⅵ页。

的示范作用，围绕红色精神的学习和传承这一主题，树立一批先锋模范，增加在同学们中间的关注度和人气度，使广大学生通过身边榜样深刻理解红色精神在新时代的新内涵，给大学生带来全方位的影响和渗透。

有益活动倡导式是指开展具有明确目的和导向性的实践活动，让大学生在活动中潜移默化地接受教育。有益活动倡导式红色精神教育主要包括三个方面：一是举办主题教育活动，如学雷锋日和七一建党节等重大节庆日与纪念日、迎接党代会等重要会议、召开和庆祝载人航天飞行成功等喜庆活动等方式，旗帜鲜明地培育大学生的爱国主义和集体主义精神等。二是举办校园文体活动，如红色精神大学生文化艺术节、红色经典话剧节等活动，充分调动广大学生参与的积极性，使他们在参与活动的过程中领悟红色精神内涵，达到寓教于乐的效果。三是举办社会实践活动，包括大学生"三下乡"活动、深入社会基层开展社会调查和参观走访活动，以及到西部、到基层挂职锻炼等形式，利用红色精神提升大学生陶冶道德情操、提高思想水平、增强社会责任感。

环境氛围熏陶式是指创造良好的校园环境，抓好校园文化建设。环境氛围熏陶式红色精神教育主要包括三个方面：一是以建设优良的校风、教风、学风为核心，提炼、深化"学校精神"，并将红色精神贯穿于"学校精神"的认知和培养中；二是加强校园硬件设施建设，如放置名人塑像、张贴名人名言、命名校园楼宇等方式，营造积极向上的校园环境；三是营造浓厚的校园文化氛围，将红色精神内化到校园文化活动中，使大学生在浓郁的文化氛围中受到熏陶和感染。

大众传媒牵引式是运用先进的传播技术和产业化手段进行信息生产与传播活动。大学生是接触和使用传媒比较频繁、稳定的群体，信息交流平台极易影响其价值取向。大众传媒牵引式红色精神教育可以通过以下几个方法：一是加强大学生网络思想教育，打造一批网络名家论坛、精彩一课、网上报告厅等网络红色文化品牌；二是拓展网络学堂、电台、电视台等网络媒介形式，有效地拓展红色精神教育的空间，扩大学生的参与面；三是重视网络博客和手机微博的应用，有效利用博客和微博及时畅通的信息渠道，发布红色精神主题网络作品并增加互动，推动与促进学生间的紧密联系和深入交流。

三、坚持红色精神教育中学校教育与社会教育相结合

人的教育是一项系统的教育工程，包括家庭教育、社会教育和学校教育三个方面。家庭教育是一切教育的基础，社会教育是构建终身教育体系的理想途径之一，学校教育是教育的主阵地也是专门培养人的机构。①

红色精神融入学校教育有助于提升思想政治教育效果。将红色精神融入学校

---

① 陈蕾：《让学校教育成为家庭与社会教育的纽带》，《黑河教育》2017年第12期，第9—10页。

教育的主要措施可以聚焦在以下几个方面。

首先，注重制度建设，发挥顶层设计的引导作用。学校制定相关制度，保障红色精神的培育纳入人才培养规划，从大一到大四再到研究生阶段，根据学生的认知能力和需求特点，系统设计不同阶段红色精神教育内容和形式，并明确负责单位；保障红色精神的培育融入师资队伍建设，从各个师资队伍的师德师风建设、功能定位明确、考核指标设计等各个方面进行完善，让红色精神教育在课堂授课、校园服务、群体引领等方面落细落小落实。

其次，注重思政课建设，发挥主渠道的引领作用。要使红色精神在思想政治课上有所体现，需要在整体性、专题式、研究型教学上下工夫，其中整体性就是把四门大课作为一个整体，围绕红色精神培育的教学目的来设计教学模块，这样既可以保证每门课程的完整性，又可以有效地避免不同课程之间的重复。在此基础上，根据四门课各自的教学目的和要求，将教学模块进行细化，设计相关教学专题，实行专题教学，并在撰写教案过程中开展研究型教学。

再次，注重校园文化建设，发挥环境的熏陶作用。校园文化环境会对学生产生潜移默化的影响，在校园文化中弘扬和培育红色精神，要注重对主流价值观的引导，在整个校园内形成红色精神教育的氛围。

最后，注重网络阵地建设，发挥网络文化感染力。培育和建立有媒介素养与网络思维的高水平思政教师队伍，将红色精神作为网络建设的文化资源，注重互动式引导，用有创意、有思想的活动和内容吸引大学生，用多维化网络服务和互动潜移默化地感染大学生。[1]

此外，要将红色精神融入社会教育。第一，重视媒体对红色精神的宣传作用。媒体因具有传播速度快、生动形象等特点，成为影响人们思想品德形成发展的重要因素。通过电视、广播、书籍、网络等媒介传播红色精神作品，引导公众接受正面教育，在潜移默化中加深大学生对红色精神的理解和运用。第二，重视社会公共教育设施和机构的教育作用。教育活动需要一定的载体，社会教育拥有多样的物质载体，如图书馆、博物馆、文化馆、纪念馆，以及各种公益性教育机构和设施，是渗透红色精神教育的优质资源和优良渠道。第三，重视社会实践活动的教育作用。为红色精神外化到人们的实际行动中创造条件，对活动的组织者和参与者都具有推广与养成一种积极健康的思想观念及行为习惯的作用。第四，重视大众娱乐设施的熏陶作用，使大众娱乐设施真正"寓教于乐"，使娱乐性、艺术性与思想性、政治性、教育性相统一，让人们在艺术欣赏和健身娱乐中潜移默化地受到红色精神教育。[2]

---

[1] 李洪满：《勇于推动思政工作深度"触网"》，2018年6月21日，http://www.wenming.cn/wmpl_pd/zmgd/201806/t20180621_4729137.shtml。

[2] 陈妍：《论社会教育中思想政治教育资源的运用》，《赤峰学院学报（哲学社会科学版）》2014年第35期，第55—57页。

第六章
新时代红色精神融入大学生思想政治教育的路径

红色精神教育对提升大学生思想政治教育的效果具有不可替代的作用，进行红色精神教育，坚持系统论的理念提升思想政治教育的效果，有助于适应新时代的要求对思想政治教育的目标进行现代转化，有助于提升思想政治教育在大学生全面发展过程中所起的作用。而新时代红色精神融入思想政治教育的路径研究，能使我们进一步明了提升思想政治教育效果的具体手段。

第一节　新时代红色精神融入第一课堂教学

习近平同志曾在多个场合提出红色基因就是要传承，而且要让红色基因代代相传。红色精神作为中国革命、建设、改革历史进程中一脉相承的精神财富，在这个承前启后、继往开来的新时代，以红船精神、井冈山精神、长征精神、延安精神、西柏坡精神等为代表的红色精神必须得到坚守与发扬。新时代红色精神融入大学生思想政治教育就需要牢牢把握第一课堂这个教学渠道。

新时代怎样将红色精神融入思想政治理论课，怎样发挥其在第一课堂的红色育人功能，是当前高校需要深入探索的重大课题。深入推动习近平新时代中国特色社会主义思想进教材、进课堂、进头脑，大力推动以"课程思政"为目标的课堂教学改革，"将红色精神融入课程设置，修订专业教材，完善教学设计，加强教学管理，发挥各门课程所蕴含的思想政治教育元素和所承载的思想政治教育功能，将红色素材融入课堂教学各环节，实现思想政治教育与知识体系教育的有机统一"[①]。

---

① 中共教育部党组、中共教育部党组关于印发《高校思想政治工作质量提升工程实施纲要》的通知（教党〔2017〕62号），2017年12月5日，http://www.moe.gov.cn/srcsite/A12/s7060/201712/t20171206_320698.html。

一、融入思想政治理论课，利用课堂主渠道

思想政治理论课是大学生思想政治教育的主渠道。党的十九大召开后，按照党中央统一部署，中宣部、教育部立即组织对已出版的马工程重点教材进行全面系统修订，目前已全部投入使用。通过比对新旧版本的教材，发掘新版教材中的红色教学篇章，利用好思想政治教育公共课，将红色精神融入课堂教学，是红色精神育人的主渠道。

2018 年新修订的《中国近现代史纲要》全国思政课统编教材中，第四章阐述了"不忘初心，牢记使命"的思想，同时增写了红船精神的内容。第五章则结合习近平同志的最新论断，进一步论述了红军长征胜利的意义及长征精神。在新版教材的教学设计过程中需要讲述好中国革命精神的具体内容，阐述好"不忘初心，牢记使命"的思想及红船精神。对南昌起义、秋收起义和广州起义的意义及遵义会议的意义作进一步解读，生动讲述红军长征及其胜利的意义和长征精神，使第一课堂成为红色精神教育的主阵地。在教学过程中，补充习近平同志署名文章《弘扬"红船精神"走在时代前列》和习近平同志在南湖革命纪念馆参观结束时发表的重要讲话作为辅导资料，通过教学引导大学生深刻把握"不忘初心，牢记使命"的思想，了解中国共产党的初心和使命的根本内涵，认识中国共产党的初心在党的建设中的地位和作用。

2018 年新修订的《毛泽东思想和中国特色社会主义理论体系概论》全国思想政治课统编教材中第三节中推动社会主义文化繁荣兴盛，共涉及三个主要方面：一是意识形态工作的领导权，二是社会主义核心价值观，三是文化自信。加强意识形态领导权、培育践行社会主义核心价值观、增强大学生的文化自信，则需要在教学中融入红色精神。利用好课堂弘扬红色精神，一是要讲清楚红色精神的基本内涵，二是要讲清楚新时代红色精神的时代要求，三是要讲清楚如何在新时代继承并弘扬红色精神。因此，传承红色精神旨在加强把握新时代意识形态领导权，弘扬红色精神旨在发掘社会主义核心价值观的文化来源，传播红色精神旨在发掘中华民族文化自信的精神动力。

2018 年新修订的《马克思主义基本原理概论》全国思想政治课统编教材的社会主义部分中，提到了社会主义国家必须坚持马克思主义的指导地位，并在此基础上大力发展社会主义文化，明确意识形态工作是极为重要的。新版教材中注重对文化问题的解读，关注社会意识和社会存在的关系，认为文化是对经济政治发展的反映。此次修订中同时特别强调了弘扬中华优秀传统文化和革命精神。因此，在讲授马克思主义哲学部分时也需要结合红色精神，将红色精神在中国革命、建设、改革过程中的价值逻辑有理有据地进行论证，在此基础上，新时代的大学生

学习马克思主义哲学原理的同时还能运用马克思主义方法论分析论证红色精神的新时代价值，以实现新时代大学生思想政治教育对中华优秀传统文化及革命精神的现代性继承。

2018 年新修订的《思想道德修养与法律基础》全国思想政治课统编教材中，突出了发扬中国革命道德的当代价值的内容。思想政治课教师应该充分准备中国革命道德涉及的相关资料，因为中国革命涉及较多的历史事件，只有还原历史事件，让学生在翔实的历史资料中学习和领悟贯穿于其中的革命精神。因此，高校公共思想政治课堂上应注重融入红色精神，增强大学生对革命精神的认同感，激发广大学生对中国特色社会主义现代化建设的热情，以红色精神的感染力激发大学生树立崇高的理想信念，以开拓进取的姿态为新时代中国特色社会主义建设贡献力量。

此外，新时代加强大学生思想政治理论课教学，必须坚持理论与实践相结合。发掘红色精神的育人功能，加强开展理想信念主题实践。红色精神是高校开展思想政治教育的优质资源，高校思想政治课程教学应融入红色精神，教师通过对红色精神内容的解读，吸收其中的精神内涵、传承红色精神，创新思想政治课程教学模式。深入发掘红色精神中不怕牺牲、艰苦奋斗、开拓进取的精神，唤醒发挥红色基因对高校学生的德育优势，做到理论与实践相结合，开展红色教育基地的实践教育活动，开展现场教学，让高校学生参与体验红色精神之旅，自觉接受红色精神的熏陶。开展理想信念的主题实践活动，使广大高校大学生学习革命传统，弘扬革命先辈艰苦奋斗的精神品格。

二、融入专业课教学，开拓育人新阵地

近年来，全国高校加快推进由"思政课程"走向"课程思政"的教育教学改革，要求专业课任课教师也要担负起课堂上的思想政治教育工作。加强以专业技能知识为载体的大学生红色精神教育，融入专业知识的思想政治教育比传统单一的思想政治理论更能发挥育人功能，也更有说服力和感染力。专业课课堂是大学生广泛参与的教学第一现场，将红色精神融入课堂教学现场，可以最大限度地发挥其在大学生思想政治教育中的育人功能。

第一，形成显性教育和隐性教育相辅相成的"大思政"格局。引入红色精神教育，既要强化显性的思想政治教育功能，又要细化隐性的思想政治教育功能，从"思政课程"向"课程思政"转变。高校教育中专业课程占了很大比重，把红色精神融入专业课课堂，与传统思想政治公共课形成合力，有助于共同发挥高校课堂教学育人的主渠道作用。因此，在加强高校思想政治理论课教学的同时，也不能忽视专业课课堂教学。习近平同志指出："要用好课堂教学这个主渠道，思想政治理论课要坚持在改进中加强，提升思想政治教育亲和力和针对性，满足学

生成长发展需求和期待，其他各门课都要守好一段渠、种好责任田，使各类课程与思想政治理论课同向同行，形成协同效应。"①新时代的专业课课堂应重视红色精神的引入，将红色精神与专业课知识相结合，进一步开拓红色精神育人的新阵地。

第二，打造多圈层同向同行融会贯通的"大思政"育人同心圆。新时代的高校坚持社会主义办学方向，学校层面要全面推行"课程思政"，由党委书记和校长主持思想政治课教学研讨会，推进"形势与政策"课程改革，党委书记、校长与专业教师共同备课，每学期集中开展全校范围的专题"形势与政策"课程，推出一系列"课程思政"的改革试点，融入红色精神内容，形成具有高校特色的优质课程集群。例如，同济大学外国语学院在德语专业教学中可以将德文版《共产党宣言》和《资本论》作为专业必读教材；同济大学土木工程学院可以在"土木工程与土木工程师"专业课程中将红色精神融入教学内容中，促使土木专业的大学生立志成为一名新时代艰苦奋斗的土木工程师。同时，还可以邀请亲历过革命年代的知名教授专家开设人文素质公选课，通过分享自身如何弘扬红色精神的经历，让大学生直观感受老一辈无私奉献、身体力行、艰苦奋斗的精神力量。

我国高校坚持社会主义办学方向，培养的专业人才是社会主义现代化建设的中坚力量。将红色精神融入专业课课堂教学，红色精神育人与专业课教学相辅相成，让高校大学生学习专业技能的同时，能够树立崇高的中国特色社会主义共同理想，增强对祖国建设和社会发展的认同感。

三、融入骨干培训班，把握宣传制高点

红色精神全方面育人的前提是要体系化、分层次培训，优化思想政治教育的工作话语体系，把红色精神融入骨干培训班的教学素材，把握宣传制高点。

第一，落实好全国高校思想政治理论课教师社会实践研修任务。为继续打好提高高校思想政治课质量和水平的攻坚战，教育部举办的全国高校思想政治理论课教师研修班，使思想政治课骨干教师从源头上受到红色精神熏陶，高校思想政治理论课教师掌握着红色精神传播的主动权与主导权，对红色精神的体验度直接关系到第一课堂上讲授红色精神时的教学效果。自2013年建立首批全国高校思想政治理论课教师社会实践研修基地以来，截至2018年底已经达到30个。实践研修基地主要承担思想政治课教师实践研修培训任务，提高教师理论联系实际的能力，引导教师研究传承弘扬中华优秀传统文化和红色精神，深入了解坚持和发展中国特色社会主义的生动实践，帮助思想政治课教师深化对革命历史的认识、深化

---

① 习近平：《习近平在全国高校思想政治工作会议上强调：把思想政治工作贯穿教育教学全过程 开创我国高等教育事业发展新局面》，《人民日报》2016年12月9日，第1版。

化墙建设、宣传媒体专栏专刊编辑等方面,将当地的红色精神元素巧妙地融入进去,创造浓厚的红色精神教育氛围。"红色精神传承与普及也必然经过从表层到深层,从感知物质文化到领悟接受精神文化这样一个由浅入深的过程。"①不断发挥学生社区在落实红色精神贯穿人才培养全过程中的作用,全面推动学生党建进社区、思想教育进社区、学风建设进社区、安全卫生教育进社区、红色精神建设进社区的"五进"工作,拓展学生思想政治工作全程、全方位育人的新载体。

第三,高水平红色演出进校园,促进红色精神育人共享化。注重校内外资源共享,多维度展现红色精神的魅力,兄弟高校可以彼此学习借鉴,相互开展调研考察,探讨共同策划红色品牌活动、协作举办红色展览等校际共享。大力推动红色精神资源进校园,吸引较高水平的专业团队来校演出红色经典,开展"红色剧目进校园"主题活动,引进红色情景诗剧《追寻》、红色音乐会《浦江启航 燎原井冈》等高质量红色演出,以高雅艺术作为载体,推动红色精神的弘扬与传播,使红色精神走进师生,进一步引导广大青年学生志存高远、爱国荣校、勇于担当、奋发有为。

二、依托理论社团,扩大红色故事的传播面

打造以弘扬红色精神为核心的理论社团,充分发挥高校社团在红色精神育人中的价值,在青年学子中积极传播党的声音、中国声音,通过朋辈引导激发广大青年立志成为新时代红色精神的信仰者、践行者和传播者的内在动力。指导理论社团针对新时代大学生的需求,对红色精神文化进行"再创作",将革命历史中形成的红色精神文化和时代发展具体实践相结合,对红色精神文化进行"工艺"改造和"再加工",结合时代发展主题遴选红色精神内容,以多种形式向新时代大学生讲好"红色故事"和"中国故事"。通过"中国故事",将红色精神打造为校园主流文化,使大学生在红色精神的引领下,不断提高认知与接受能力,增强判断与思维能力,做正确的事,走正确的路,树立正确的世界观、人生观、价值观,为日后发展奠定坚实的思想基础。

红色精神青年行,传承初心使命。开展"心遇马克思"等系列实践活动,旨在通过瞻仰嘉兴南湖红船、参观南湖革命纪念馆等红色教育基地,重温中国共产党建党历史,铭记共产党人的初心与使命。开展"行走的党课"活动,打造特色党课实践,组织师生共赴延安、井冈山等革命圣地重行革命之路,重温入党誓词,重唱革命歌曲,使广大大学生在行走中坚定理想信念,自觉培养使命自觉和担当自觉。开展"初心之旅"党史知识竞赛活动,使新时代大学生在对党史知识的梳

---

① 许屹山、宦佳韵:《新时代红色文化传承普及的价值与规律多维审视》,《内蒙古农业大学学报(社会科学版)》2018年第5期,第4页。

理与学习过程中,树立正确的历史观、民族观、国家观、文化观,通过理论学习寻找党的初心。通过红色精神青年思、红色精神青年享活动传递时代声音,扩大红色精神的影响力。

借助红色精神青年思活动,传递经典之声。成立红色精神相关的理论社团,旨在强化红色精神、党的十九大精神和习近平新时代中国特色社会主义思想的影响力。定期组织学习红色经典读本,指导撰写学习体会、分享交流,使广大大学生在文字中感受红色精神的时代魅力。组织新时代大学生录制以红色精神为主题的微视频,在校园中全方位地营造学习经典、传播经典的氛围,打造红色育人模式。

借助红色精神青年享活动,传播时代声音。定期开展群团骨干交流学习会,鼓励广大新时代大学生直击社会热点、交流内心声音。与基层团支部联动对接,送红色精神宣讲进支部、进团课。组织社团成员前往学生社区、居民社区、社会福利院等地开展红色精神宣讲,发青年之声,传时代发展之音,不断扩大红色精神的影响力和吸引力,引导新时代大学生做红色精神的坚定信仰者、积极践行者和不懈传播者。

三、结合重大纪念日,增强红色教育的仪式感

"要在厚植爱国主义情怀上下功夫,让爱国主义精神在学生心中牢牢扎根,教育引导学生热爱和拥护中国共产党,立志听党话、跟党走,立志扎根人民、奉献国家。"[1]"情感认同是红色精神传承的理想状态"[2],高校应结合党和国家的重要会议、纪念日等重要时间节点,有的放矢地开展红色精神教育。

结合高校校史中的重大历史事件,发掘高校学子参与革命的历史和其中蕴含的红色精神,激励当代青年学生铭记历史、奋发有为。通过开展烈士纪念日主题活动、依托退伍大学生组建国旗班、组织举办爱国学生运动与英烈图片展等,以"铭记历史,砥砺前行""薪火相传,不忘初心""心系家国,勇担重任"等为主题,通过升旗仪式、主题朗诵、默哀并敬献鲜花等形式,追思不同时期青年学子所践行和传承的红色精神,以青年学子的革命精神砥砺青年奋发,号召当代青年学子继承和发扬光荣革命传统,坚定理想信念,不忘初心,牢记使命,为实现中华民族伟大复兴中国梦和建设中国特色社会主义高校而努力奋斗。

有效利用重大纪念日等契机开展红色精神教育。可以结合建党、建军、建国、党代会、全国两会、长征胜利、马克思诞辰、五四运动等重大节点和历史纪念日,以此为重要工作契机,深入开展主题党日活动、主题团课、举办大型展览、宣誓

---

[1] 杨飞:《让爱国主义精神在学生心中牢牢扎根》,2018 年 9 月 12 日,http://pinglun.iqilu.com/meiti/2018/0912/4046539.shtml。

[2] 刘建平、衣少娜:《红色文化的基本时代精神、传承规律及价值探析》,《理论建设》2017 年第 2 期,第 42 页。

仪式、祭扫烈士陵园、组织实践活动等，情理交融，大力弘扬红色精神，充分发挥学生党员的模范带头作用，辐射优秀团员积极向党组织靠拢，带动全体学生矢志不渝跟党走的坚定决心和崇高理想信念。

四、融入艺术创作，提高红色精神的感染力

以艺术表现形式为载体的主题教育活动，是主题鲜明、系统性、针对性较强的教育活动形式，是开展红色精神教育的有效尝试。"挖掘革命文化的育人内涵，组织编排展演以革命先驱为原型的舞台剧、以红色精神为主题的歌舞音乐、以革命文化为内涵的网络作品。"[1]

以同济大学为例，深入挖掘高校发展历史中的红色基因，进行艺术创作和展示，打造了校园版歌剧《江姐》、原创舞台剧《同舟共济》、原创大师剧《李国豪》、原创音乐作品《将论文写在祖国大地上》等，师生共同演绎，讲好同济人的红色故事。通过将经典小说《红岩》（作者之一为同济大学校友杨益言）改编成为适合学生演出的全本歌剧，组织剧组学生阅读《红岩》原著，准确理解、把握剧中人物的精神内涵和气质，塑造出一个个鲜明、感人的人物形象；通过百十年同济历经沧桑、饱尝风雨、同舟共济的故事，呈现了一代代同济人在身处各种时代冲突中的心路历程与价值追求；用"同舟共济，自强不息"的同济精神和爱国主义传统，体现同济人的文化符号和精神气质；通过对青年李国豪的护桥行动等典型事件的叙述，展现一代桥梁大师的人格尊严与时代担当；通过唱响同济人心怀天下、脚踏实地的满怀豪情，引起了师生的广泛共鸣。

五、开展主题教育活动，增强红色精神的影响力

邀请参加过革命的老同志、历史学专家等为学生讲述真实的革命事迹，通过不同的展现形式，提升学生对红色历史的关注度和红色教育的参与度。宣讲活动要集思广益，可以向全校师生征求活动方案建议，提高师生的积极性和参与度，调动学生的积极性和主动性。通过开展"缅怀革命先烈"主题征文、演讲比赛、诵读会等，或者邀请具有代表性的革命前辈进行颁奖表彰活动等，让大学生接受红色精神的熏陶，提高艺术、美学、人文素养，注重从学生实际出发，不断开展运行方式与机制探索并积极实践，秉承"一个主题线索，多种研习方式"的原则，通过多样化的立体展示、体验式的文化活动，有主题、有目的地开展红色精神教育，潜移默化地对大学生进行红色精神教育，提升学生的思想修养和道德品质，创新探索红色精神育人的途径，为新时代大学生认同和践行红色精神作出积极努力。

---

[1] 孙锋：《高校共青团思想引领的三重维度》，《江苏高教》2018年第9期，第96页。

第三节 新时代红色精神融入大学生社会实践

习近平同志寄语青年人"既多读有字之书,也要多读无字之书",高校鼓励广大青年围绕国家发展战略和地方发展需求,立足基层、放眼一线、把握前沿,利用自身专业知识解决当地发展遇到的实际问题,突出专业优势"智慧支建",这对引导青年学思结合、知行合一,以及将个人的成长梦、成才梦融入中华民族伟大复兴的中国梦之中具有实际意义。在实践育人中融入红色精神,用红色精神激励在校大学生勇做时代弄潮儿、书写时代新华章,有助于培养一批专业基础扎实、政治素质过硬、担当民族复兴大任的新时代青年。

一、融入专业实践,用红色精神激励专业追求

将红色精神融入实践育人,促进社会实践长期化、常态化、长效化发展,高校需要围绕国家发展战略,充分发挥学科优势,激活红色基因,做好顶层设计。引领大学生在实践中深学笃用习近平新时代中国特色社会主义思想,自觉将个人成长与祖国、人民的需要紧密联系起来,将个人的成长梦、成才梦融入中华民族伟大复兴的中国梦之中。坚持主题引领,创新立德树人方式方法,在生动实践中实现思想政治教育主体的转变,引领大学生开展理论学习,提升理论素养,注重理论与实践结合,树立远大理想,坚定崇高信念,以高度的热情投入学习和工作中。

围绕国家战略,突出学科优势,以红色精神引领服务地方发展。聚焦西部地区,挖掘实践服务的深度,打造全能型、专业化、特色化的实践队伍,提高科研水平和服务能力,围绕"一带一路"倡议、乡村振兴等国家发展战略,将专业所长化作扶贫扶智的有力工具,针对当地发展需求开展美丽乡村环境检测、特色农产品营销、城乡规划设计等专业课题研究,为当地政府和企事业单位提供决策参考。前往革命老区和西部贫困落后地区开展专业实践,本身就是对红色精神的践行,同时在革命老区的实践能够进一步加深对红色精神的认知、巩固、深化。高校学生应走出校园,前往贫困地区,克服条件的艰苦,在巩固专业知识的同时,还能养成艰苦奋斗的传统美德。

以专业为依托,组成跨学科研究团队,以红色精神激励贡献青年智慧。以社会需求、产业发展、行业需求为导向,坚持科研先行、项目纽带,地方保障、校地双赢,形成科技引领"专业+产业""专业+行业"协同创新育人模式。根据地方需求和实践课题,组织选拔对口专业学生组成跨学科的实践团队。政治学理论、社会学专业的学生,针对城市管理转型升级问题,以善治理论和城市信息化理论为基础,通过对挂职地区数字化城市管理的案例分析,为进一步推进城市管理数

字化建设提出建议；思想政治教育专业的学生针对实践地教师职称评聘难的问题，通过深入访谈的方法，对该问题进行了梳理，为实践地教师评聘问题提供了整套的解决建议和方案；交通运输与车辆工程等相关专业的学生针对实践地汽车产业链的新兴汽车城招商引资的问题，作出了自己的探索研究，针对有轨电车行车组织和运营管理、交通基础设施、高速公路发展等问题同学们也提出了想法与建议。建筑与城市规划、土木工程等相关专业的学生则将目光聚焦在城市规划与建设上。针对城市内老城区旧城改造问题，同学们通过对现行旧城改造方案深入分析，提出了"点线面"的城市设计理念，并作出了具体的规划方案建议。党的十九大报告提出的实施乡村振兴战略，是建设新时代中国特色社会主义的一项重要战略，也是新时期做好"三农"工作的重要任务。城市规划、建筑、土木、环境等专业的师生组建实践团队，深入祖国的广大乡村地区，利用所学知识，深入基层，走访调研，撰写报告献策地方发展，得到了当地政府的高度肯定，真正做到学以致用，以智慧装点广阔河山，在专业实践中感知红色精神，同时以实际行动践行红色精神。

结合创新创业，开展扶智扶贫，以红色精神助力脱贫攻坚。各高校可以整合创业校友和有创新实践经验的师生，赴中西部典型贫困地区开展调研，形成精准扶贫计划，用创新扶智、以创业扶贫，将思想引领贯穿创新创业教育人才培养体系。开设"互联网+"红色主题团课，将当地村委会驻地设为主题团课授课地点，挂职教师成为主题团课最好的教师，将红色精神教育寓于亲身经历之中，将报国理想化身扎根中国大地的实践，让师生有所感悟、有所触动；建设"线上课程"，突破传统支教的时空限制，让更多有家国情怀的新时代大学生融入线上课程；开设电子商务、创业基础知识等专题讲座，利用网络让贫困落后地区的初期创业者"走出来"，扶贫先扶智，深入教育帮扶，培养有责任有担当的优秀创新创业人才。

二、融入社会实践，用红色精神引领思想进步

"革命遗址、纪念馆、爱国主义教育示范基地等红色资源为高校思想政治教育提供了鲜活的教学题材和广阔的社会实践内容。"[1]青年大学生经济上尚未能独立，他们开展的一些知行合一、身体力行的社会实践，需要有关机构、学校、家庭等多方面的支持和帮助。近年来，有关方面也加大了改革支持力度，在帮扶方面进行了不少有益的尝试。国家加强了青少年学生社会实践场所的建设，命名了一批全国青少年校外活动示范基地，中宣部陆续公布了一批全国爱国主义教育示范基地。全国各高校纷纷结合当地实际，组织大学生进行红色精神教育社会实践。

开展深度调研，挖掘红色资源。采访老红军、老劳模、老校友。挖掘地区红色资源、深度调研采访，红色革命教育特色化、丰富化、时代化。为贯彻习近平新时

---

[1] 李源锋：《试论红色资源在高校思想政治教育中的运用》，《学校党建与思想教育》2014年第15期，第93页。

代中国特色社会主义思想,不忘初心,砥砺前行,高校积极组织大学生开展"不忘初心、情系老区"的主题教育活动,可以赴橘子洲头、四渡赤水太平渡纪念馆、八路军太行纪念馆、红安将军纪念馆等红色革命教育基地进行参观学习,重温革命历史,弘扬爱国精神,引导大学生"不忘初心、牢记使命",在实地调研中加深对红色老区的情感,树立积极投身建设祖国西部、扎根基层、建功新时代的崇高理想。

助力乡村振兴,传承红色精神。将专业知识付诸实践,是促进大学生学以致用最有效的措施,可以增强大学生服务大众的意识,大学生在专业实践活动中也可以起到先锋模范作用。党的十九大报告中提出了乡村振兴战略,助力乡村振兴,传承当地红色精神。在时代使命的召唤下,各高校可以号召一批有理想、有志气、有乡村梦想的青年,勇立潮头,引领青年乡村振兴梦。高校积极与周边典型的市、县对接,洽谈校地合作,搭建社会实践平台,组建了师生团队深入乡村学习乡村振兴的当地智慧,同时因地制宜,助力当地红色精神的挖掘与传承。重点关注乡村振兴战略部署、美丽乡村建设、乡村社会治理及乡风文明创建等诸多方面,重点探寻乡村振兴的创新模式。通过实地调研、问卷调研及结构性访谈等形式深入地、全面地认识镇、村,挖掘当地红色精神,收集当地的红色故事,以现代技术对传统红色资源进行记录及保存。

依托实践项目,谱写红色篇章。深入开展好大学生暑期"三下乡""志愿服务西部计划"等传统经典项目,组织实施好"牢记时代使命,书写人生华章——学习宣传贯彻习近平新时代中国特色社会主义思想主题社会实践"等新时代实践育人精品项目。结合国家战略和高校立德树人根本任务,制定红色实践主题,以实践活动为载体,开展理想信念教育:以"肩负时代重任,领航理想信念""丝路新青年,勾勒中国梦""弘扬民族瑰宝,探知文化脉络""青年红色筑梦之旅"为实践主题,打造红色品牌实践。

三、融入志愿服务,用红色精神服务回馈社会

新时代大学生通过学习红色精神和先进典型,自觉将自己所学到的知识和技能,服务于社会大众,从我做起,从小事做起,为需要帮助的人提供力所能及的帮助,可以让其在服务中体会到"奉献"的快乐,不断增强社会责任感和社会参与意识,因此高校要积极组织同学"走出去",进行志愿服务,用红色精神服务回馈社会。

以红色精神激发志愿服务的内在动力。组织学生作为当地烈士纪念碑、烈士陵园、历史纪念馆等红色教育基地的志愿讲解员为参观者讲解革命故事,使学生在亲身体验中感悟红色精神;组织学生慰问当地老红军、先进革命人士、烈士家属,对其革命事迹进行采访跟踪报道,深入发掘革命英模人物的榜样示范作用,使广大大学生真正感受到红色精神的驱动力,通过近距离接触先进典型,以革命

英模人物的坚定信念、艰苦奋斗、团结群众、英勇献身、不怕牺牲等先进革命精神感化激励当代大学生,在面对面的交流中提高红色精神文化的影响力和渗透力,触动青年内心,激发青年学子甘于奉献、回馈社会的内在动力,促使大学生自觉以红色精神为动力,主动投身各类志愿服务。

以红色精神拓展志愿服务的形式和领域。开展支教工作,积极推动西部计划志愿者、研究生支教团等服务队伍的选拔、培训,选派优秀成员前往边远、落后地区、革命老区开展志愿支教服务,通过模拟课堂、行前培训、教学实习等全方位模拟支教工作环境和工作内容,用红色精神加强对支教队员的思想引导,在支教过程中结合当地红色精神开展主题教育、组织捐书捐物献爱心活动等,让更多人关注老区的教育情况,提升支教工作的实际效果,切实加强支教队员的服务意识和理想信念。以红色精神为引领,积极为国家和地方社会建设发展作出贡献:选拔优势专业的学生组建智力团,前往西部山区开展发展规划建言献策小组,为当地农产品经销与包装开展公益服务活动;以推动地区发展为宗旨,打造扶贫落地精品项目,为全面建成小康社会贡献青年力量;利用相关学科优势,为留守儿童送去科技发展成果,打造集图书阅览、留守儿童视频通话、艺术课堂、心理咨询、远程讲座等为一体的多媒体梦想教室。

第四节　新时代红色精神融入全媒体宣传

为加强红色精神传播,近年来一些高校和地方建立了红色网站,积极开展红色精神教育,但目前已经建立的红色网站吸引力普遍不够,当代大学生的点击率也不高,红色精神教育的效果并不尽如人意。"红色网站没有很好地区分层次、对象、地域,不同网站在栏目设置、内容安排、版面风格等方面都似曾相识,特色不够鲜明。针对所存在的问题,我们要在先进网络技术的支持下,在坚持正确导向的前提下,科学引导,有序规范,稳步推进,促进网络红色精神的有效传播。"[①]高校传统宣传是大学生接受思想政治教育的主要渠道,新时代将传统宣传与网络媒体相结合,形成线上线下合力是至关重要的。网络媒体作为传统宣传的有力补充,使大学生便捷即时地了解红色精神。高校应在党委领导下,形成线上线下传播红色精神的大格局。

一、把握权威渠道,发挥官方平台的宣传优势

开辟官方媒体的红色专栏。习近平同志在全国高校思想政治工作会议上指出:

---

① 肖灵:《当代大学生红色文化教育研究》,南京师范大学 2014 年博士学位论文,第 148 页。

"做好高校思想政治工作,要因事而化、因时而进、因势而新。"①正如马克思主义所强调的,只有在实践基础上坚持科学性和革命性的统一,才能永葆强大的生命力。无论是在中华人民共和国成立之前面临革命形势的变化,还是在中华人民共和国成立以后面对复杂多变的国际环境,我国的宣传工作一贯坚持与时俱进的优秀品质,坚持马克思主义指导地位,结合中国建设、改革、发展实际需要,不断创新发展宣传工作方式,始终奋进在路上。同样,在互联网技术突飞猛进的时代背景下,把握网络时代的新机遇,借助学校官方媒体平台的现有优势,打造高校红色精神宣传专栏,能够确保红色精神的传播在学校官方途径上发出权威声音。

把握红色宣传的总基调。我们的高校是党领导下的高校,是中国特色社会主义高校。新时代高校必须坚持中国特色社会主义办学方向,牢牢坚守红色精神育人这笔宝贵的资源,在营造校园文化过程中融入红色精神,彰显中国特色社会主义高校的时代特征,旗帜鲜明地传承好红色基因。全方位营造文化育人氛围,举办"文以化人,家国天下"中华优秀传统文化图片展,打造富有民族文化特色的社区文化,引导大学生传承民族精神,涵养文化自信。党的十九大报告指出:"要牢牢掌握意识形态工作的领导权,坚持正确舆论导向,高度重视传播手段建设和创新,加强互联网内容建设。"②"红色精神资源话语示范功能。话语示范本质是话语的规训,由话语主体从意识形态的需要出发,按照一定的程序规则将模范性人物和事迹用话语展现出来,为话语受众以后的行为提供一种可供遵循的经验模式。"③

确保红色精神规范传播。网络文化具有虚拟、即时等特点,这为网络流行文化的快速发展传播提供了现实可能。网络流行文化逐步成了高校学生的文化精神需求及消遣方式,一方面高校学生参与到网络流行文化的创作和传播中,助长了网络流行文化;另一方面,网络流行文化的负能量严重渗透到高校学生的校园生活中,完全重构了网络时代下校园生活的模式,这在很大程度上损害了高校学生的身心健康。尤其是"网络丧文化"呈现了青年群体复杂多样的社会心态:焦虑、悲观、沮丧、冷漠、迷茫、颓废。在某种程度上,"网络丧文化"是通过对以往网络空间中流传的较为严肃正经的文字、图片、视频等加以挪用和篡改,使之在重新排序或语境更新的基础上进行意义改写,完全颠覆了其原先的语境,完全逆转了其原先所要表达的本意,这些内容却成了负能量的表现载体,在网络空间传播,"网络丧文化"便逐步形成。"网络丧文化"使缺乏价值判断的高校学生群体盲目跟风,面对如此负能量时难免会扭曲其价值观。尤其应该严厉禁止学生有不尊重

---

① 习近平:《习近平在全国高校思想政治工作会议上强调:把思想政治工作贯穿教育教学全过程 开创我国高等教育事业发展新局面》,《人民日报》2016年12月9日,第1版。
② 习近平:《决胜全面建成小康社会 夺取新时代中国特色社会主义伟大胜利——在中国共产党第十九次全国代表大会上的报告》,《人民日报》2017年10月28日。
③ 杨帆:《红色文化资源话语功能探析》,《理论月刊》2018第2期,第35页。

历史英雄人物之举，尊重历史是对革命精神传承的前提。

"规范化，即红色精神资源使用必须合乎于一定标准，这是破除红色精神资源在高校中片面运用、随意裁剪、无序传播等问题的客观要求。"①着力于红色精神资源的规范化运用，着力加强红色精神资源在高校育人实践中的正当、正向、正确使用，以此来增强红色精神资源融入高校育人实践的科学性。利用官方平台优势，发挥红色精神传播的权威声音。充分发挥媒体宣传覆盖面广的优势，利用好平台推广多元化、智能化、实时化的特征，通过媒体宣传报道，将红色精神育人的影响力扩大到全校，使其成效覆盖全校师生。通过宣传树立践行红色精神的典范榜样，激发其他大学生潜在的参与热情，起到了积极的引领作用。

二、依托传统媒体，发挥线下教育的直观优势

传统媒体拥有人力和物力资源丰富、可信度高、参与人员专业度高等优势。因此，高校在打造以互联网为载体的文化传播平台的同时，也需要着力打造以书籍、刊物等为载体的传统媒体文化传播平台。

实施"革命文化教育资源库建设工程"，推动红色精神资源库建设。举办红色图书微展览，将"习近平书单"、当代中国马克思主义理论著作、人民日报"40本高校图书馆上榜好书"、古今中外优秀传统文化经典等书籍进行精心编辑、设计布展，使经典阅读融入校园风景，将红色精神融入校园文化建设。建设传统读书分享交流会，使学生养成"善思、博览、笃行、贵恒"的阅读习惯。开发"红色书籍大寻宝活动"，创新书籍借阅，以书换书，营造轻松、热烈、有序的交流氛围，传递青春正能量。开展好书交流活动，通过组织线下研讨会，就习近平同志在梁家河等时期集中阅读的《理想国》《政治学》《法哲学原理》等政治学、经济学经典书籍分享畅谈阅读感悟，让阅读启迪智慧、滋养正气，让中国特色社会主义理论的伟大智慧在学习交流中深入人心。

注重输出红色精神优秀成果。鼓励学生立足新时代新思想，多读书、读好书，以演讲、话剧、演唱等不同文艺形式表达阅读所思所悟，制成纸质传统读本，以"文""思""新""达"为主题，筛选出优秀作品编，形成优秀红色精神思想政治教育读本，激励学生坚定信仰，为实现中华民族伟大复兴的中国梦积蓄能量。历史悠久的高校有条件地将革命年代的校史文化结合红色精神或者知名英模校友事迹，编写更具深度、广度和高度校史书籍，激发新时代大学生爱校、治校的正能量，培养"今天的事业也是明天故事"的观念，使一代一代大学生不断创新、永葆青春。

---

① 易鹏、王永友：《促进红色文化资源融入高校育人实践》，《中国高等教育》2018年第9期，第50页。

三、利用网络平台,发挥线上教育的传播优势打造线上红色精品,发挥网络的便捷优势

高校应利用网络传播速度快、范围广、影响大的特点,为学生搭建专门的红色精神网络学习平台,建立红色精神微信公众号、微博平台,组建以教师为引导、学生为主体的管理运营团队,从而引导学生独立自主地走进红色精神文化,学习红色知识,对不同的红色精神加以深入了解,形成自身理解,并在实际学习生活工作中牢牢把握。高校还可以针对红色精神开设网络教学课程,以慕课等网课形式呈现,督促学生深入了解红色精神文化的本质,提高课程教学的灵活性和便利性。高校还应利用好网络载体进行红色精神的整合开发,将经典书籍节选通过新媒体平台设计呈现出来,推进传统红色经典图书资源在互联网时代焕发新活力。设立"知古鉴今""青年之思""时代经典""文明盛放"等主题,将《资治通鉴》《共产党宣言》《习近平的七年知青岁月》等书籍在新媒体平台上呈现,充分利用青年学生的碎片化时间,引导学生通过阅读节选走近经典,进而根据推送提示走进图书馆寻找典藏,走进经典,改变"突击式"掌握要领的阅读习惯,为传统红色图书资源注入生命力,形成校园红色图书"悦读"风潮。

结合学校和地域红色资源,突显浓郁高校特色。高校网络平台要针对新时代大学生的身心特点,开发融合学校红色基因追溯、当地红色教育资源介绍、优秀典型事迹展示、红色实践项目及红色演出进校园宣传集宣传和互动为一体的多样化红色精神教育平台,凸显浓郁的高校特色,贴近青年学生的需求。首先,要主题明确,定位清晰,运营好高校红色精神主题教育网络平台,其关键是宣传内容和主题,其推送内容的形式可多样化,力求新颖有吸引力,但其内容的主题应始终坚持围绕红色精神,具备较强针对性,从教育对象的实际需求出发,从而使高校大学生增强对红色精神的认同感。其次,团队要专业化,运营要规范化,高校红色精神主题教育网络平台要得到良好运营势必需要一支专业素养过硬的团队,应配备具有马克思主义学科背景的指导教师,对推送内容规范进行审核校对,从新闻传播、汉语言文学、思想政治教育等相关专业招募大学生组建人才结构合理的运营团队,确保平台运营的专业化和可持续性。

结　论
新时代红色精神提升大学生思想政治教育效果

中国特色社会主义进入新时代对当代大学生思想政治教育提出了新的要求，新时代大学生应明了自身的历史使命，为实现中华民族伟大复兴中国梦而努力奋斗，当代大学生需要有远大理想、崇高的信念，致力于全面建成小康社会，大学生要增强自己的创新能力，实现自身的全面发展。针对新时代的环境特征和当代大学生的个性特征，提升大学生思想政治教育效果，需要实现思想政治教育目标结构的现代转型，致力于大学生全面发展的目标，丰富思想政治教育活动的人文内涵，强化思想政治教育话语影响，加强红色精神教育，增强思想政治教育者的主体性，提升大学生对思想政治教育内容的接受意愿，实现思想政治教育方法的系统化。

一、红色精神教育提升思想政治教育工作者的素质

红色精神的丰富内涵有助于丰富思想政治教育内容的人文内涵。发展中的红色精神对社会进步起到推动作用，发挥意识形态指导作用，鼓舞、激励人们奋发向上。马克思主义的历史唯物主义告诉我们，任何社会都是由经济、政治、文化等基本要素构成的完整社会体系，在社会有机体中经济、政治、文化的交互作用，促进了社会生产和思想建设的发展，红色精神作为社会主义先进文化范畴里的核心要素，有着丰富的内涵，发挥着不可替代的作用，"一定的文化（当作观念形态的文化）是一定社会的政治和经济的反映，又给予伟大影响和作用于一定社会的政治和经济；而经济是基础，政治则是经济的集中表现。这是我们对于文化和政治、经济的关系及政治和经济的关系的基本观点。那末，一定形态的政治和经济是首先决定那一定形态文化的；然后，那一定形态的文化又才给予影响和作用于一定形态的政治和经济"[①]。社会存在决定社会意识，社会意识反过来又会影响

---

① 《毛泽东选集》第2卷，人民出版社1991年版，第663—664页。

社会存在，红色精神凝聚了中华优秀传统文化、革命文化等一系列优秀的文化精华，能够激励社会成员的思想进步，充分发挥红色精神的作用有助于推进大学生思想政治教育的全面育人。

新时代对大学生的综合素质提出了新的要求，提升大学生思想政治教育的效果，需要实现大学生的全面发展。发挥红色经典的育人功能，明确思想政治教育的目标，优化思想政治教育的方法，提升大学生思想政治教育的效果。红色精神提升大学生思想政治教育的效果主要从三个方面发生作用：①红色精神武装思想政治教育者，坚定其理想信念，明确其工作目标，激发思想政治教育工作者内在强大的力量；②红色精神能有效激发大学生对思想政治教育内容的接受意愿，提升大学生思想政治教育对象的主体意识和对思想政治教育内容的接受效果；③红色精神丰富思想政治教育的介体，即丰富、深化思想政治教育的内容。

思想政治教育者是大学生思想政治教育开展的主要力量，是大学生思想政治教育的主体。大学生思想政治教育开展效果取决于多个因素，但是思想政治教育的主体作用的充分发挥将直接提升大学生思想政治教育的效果，大学生思想政治教育者是大学生思想政治教育最为重要的因素，在很大程度上大学生思想政治教育的效果取决于思想政治教育主体的素养和其对马克思主义的信仰，以及对中国革命、建设和改革经验的认知，因此调动大学生思想政治教育主体的主体性，加强他们对红色精神内涵的领悟和认知是十分必要的。

"红色精神是中国共产党领导人民在革命、建设和改革的历史进程中形成的社会主义先进文化。"[1]红色精神蕴含着马克思主义的立场和观点，是中国共产党领导中国革命、建设和改革取得的经验总结，体现了无产阶级的根本需求，是党的性质和宗旨的最根本的体现，具有强烈的意识形态特征，是中国共产党创建以来领导中国人民积累的宝贵精神财富。自中国共产党成立以来，伴随着中国共产党领导中国人民完成革命、建设、改革的使命，红色精神一直在不断丰富发展。"社会存在决定社会意识，经济基础决定上层建筑。"[2]红色精神是一个开放的体系，伴随着生产力的发展，在充分反映中国共产党历史和现实使命的同时，红色精神随着生产力的发展而不断充实新的内容，在科技发展日新月异的今天，激发出新的活力。

红色精神的意识形态性和内容的先进性能坚定思想政治教育者的马克思主义信念，提升其对自身工作性质的认识，从而使思想政治教育工作者更好地把握红色精神的内涵，有针对性地对大学生开展教育活动，有利于教育者对教育对象的引导和把握。大学生思想政治教育者"是否具有以及具有多大的主体性，决定着

---

[1] 黄遵斌：《论红色精神与中国梦的内在逻辑》，《求实》2014年第3期，第89页。
[2] 《马克思恩格斯选集》第2卷，人民出版社1995年版，第32—33页。

思想政治教育者在思想政治教育活动中能否确立以及在何种程度上确立基本的主体——对象关系，即能否以及在何种程度上将思想政治教育对象作为自己活动的真正对象予以认识和引导；能否以及在何种程度上理解、把握思想政治教育内容并按照自己对思想政治教育对象的认识予以合乎教育规律要求的编制；能否将整个思想政治教育活动的客观进程作为自己认识与作用的对象予以定向、调控和推进"[1]。思想政治教育工作者是大学生思想政治教育的直接推动者，他们的理论素养和工作热情对大学生思想政治教育的效果能产生重要的影响。

加强红色精神教育能促使思想政治教育者认真学习马克思主义基本理论和中国特色社会主义理论，体认红色精神的丰富内涵，养成马克思主义的思维方式。提升大学生思想政治教育者个人素养和工作能力，思想政治教育工作者学习把握红色精神，能增强思想政治教育者的主体意识、强化思想政治教育者的主体素质，增强思想政治教育主体的主体性，促使其坚持历史唯物主义的观点，使大学生思想政治教育者明确自身肩负的使命，明确自己在大学生思想政治教育中的地位和任务，加强对自身从事工作的现实意义和长远意义的认知，推动大学生思想政治教育工作者对自身在社会历史过程中的地位、职责、使命和任务及实现途径的清醒认知，增强对大学生思想政治教育工作开展的主动性和积极性，提升思想政治工作的质量，明确思想政治工作的政治指向性。中国共产党领导中国人民在长期的革命、建设和改革实践证明，思想政治教育的政治性是其最为重要的特征，是中国共产党领导中国人民夺取政权、立国兴邦、改造社会的有力思想武器。1955年毛泽东明确提出："政治工作是一切经济工作的生命线。"[2]政治工作的目标实现离不开有效的思想政治教育，毛泽东指出："掌握思想教育，是团结全党进行伟大政治斗争的中心环节。如果这个任务不解决，党的一切政治任务是不能完成的。"[3]大学生思想政治教育服务于国家的政治方向是其最为重要的特征，明确思想政治教育的政治方向、有效开展思想政治教育，思想政治教育工作者是其中的主导因素，"思想政治教育者在体现、贯彻思想政治教育特定指向中的这种关键地位，要求思想政治教育者具有过硬的政治素质"[4]。用红色精神武装自己能够提升思想政治教育工作者的政治素质，促使大学生思想政治教育工作者坚持正确的政治方向，培养坚定的政治立场，培养高度的政治责任感和政治纪律性，促使大学生思想政治教育者能够从大局出发，把握思想政治意识领域的发展方向，将思想政治教育引向深入。作为一种教学素材，红色精神对思想政治教育者的影响还体现为能提升大学生思想政治教育者的道德素质和理论素养。

---

[1] 沈壮海：《思想政治教育有效性研究》，武汉大学出版社2008年版，第63页。
[2] 《毛泽东文集》第6卷，人民出版社1999年版，第449页。
[3] 《毛泽东选集》第3卷，人民出版社1991年版，第1094页。
[4] 沈壮海：《思想政治教育有效性研究》，武汉大学出版社2008年版，第66页。

二、红色精神教育提升大学生接受思想政治教育的诉求

红色精神作为马克思主义中国化的成果,蕴含着丰富的内涵,既包括革命时期形成的红船精神、井冈山精神、苏区精神、长征精神、延安精神、西柏坡精神等,也包括社会主义革命和建设时期、改革开放与社会主义现代化建设新时期中形成的大庆精神、焦裕禄精神、抗洪精神、奥运精神、抗震救灾精神、载人航天精神等。红色精神是一个内涵丰富的内容体系,体现了中国共产党人的崇高道德品质和高尚的人生追求,发挥红色精神的育人功能,能提升大学生对思想政治教育内容的接受意愿,"思想政治教育者主要是通过对相关思想观念的宣讲,通过对相关现实问题的深刻而有说服力的理论分析、揭示,引导教育对象对相应的思想观念并进而促其将之转化为实际的行为"①。了解和把握红色精神的深刻内涵,促使大学生提升自身的理论素养。红色精神的引入有助于激发大学生的学习兴趣,提升大学生思想政治教育的效果。新时代大学生思想政治教育面临新环境和新问题,红色精神能丰富新时代大学生思想政治教育内容,有助于提升大学生思想政治教育的成效。

三、红色精神教育丰富大学生思想政治教育的内容

开展思想政治教育,坚持历史逻辑的统一原则,用红色精神丰富思想政治教育的内容,坚定大学生对马克思主义的信仰,提升公民的道德水平,要坚持理论联系实际、实事求是。加强红色精神教育,把握不同时代的时代主题,从特定时代背景出发把握红色精神,加强物质文明建设的同时加强精神文明建设,感受英雄人物的精神力量,发挥红色精神的育人功能,需要兼顾改革前后思想政治教育的不同侧重点,"邓小平要求政治工作要落实到经济上;要拿事实说话,不能只说空话;要做老实人,说老实话,干老实事;工作要鼓干劲,不鼓虚劲;开会、说话、做工作都要解决问题,务求实效"②;现代思想政治教育的内容偏重于服务经济发展,而传统的思想政治教育侧重于服务中国革命的需要。"改革开放以来,伴随着社会结构的改变,思想政治教育经历着整体性的结构转型。"③红色精神丰富思想政治教育的内容表现在统一改革前后大学生思想政治教育的内涵,发挥思想政治教育具有的统一思想、凝聚人心、化解矛盾、理顺情绪的作用,丰富思想政治教育的内容,激发大学生接受思想政治教育的主观动力,提炼新时代思想政治教育的内容,不断解决发展中遇到的各种困难。

红色精神教育能丰富和深化大学生的理想信念教育,有效应对市场经济发展

---

① 沈壮海:《思想政治教育有效性研究》,武汉大学出版社2008年版,第69页。
② 王树荫主编:《中国共产党思想政治教育史》,中国人民大学出版社2016年版,第209页。
③ 孙其昂:《思想政治教育现代转型研究》,学习出版社2015年版,第39页。

中某些对青年的消极影响,"思想政治教育是一项人们精神性的交往活动,无法直接地产生经济收益,面对市场逻辑的挑战,它往往沦落为弱势学科"①。加强和改进大学生思想政治教育的关键是加强理想信念教育,推进红色精神教育能加强理想信念教育,红色精神的丰富内涵显现"信仰的力量,让中国共产党人克服了重重困难,把不可能变为可能,在现实中创造了诸多奇迹,长征的胜利、大庆油田的建设、战胜可怕自然灾害的抗震救灾等,红色精神之所以有区别于普通精神现象的强大精神动力在于信仰的力量"②。红色精神教育能推进大学生素质教育,1999年6月改革开放以来第三次全国教育工作会议召开,颁布了《中共中央国务院关于深化教育改革全面推进素质教育的决定》,同年9月中央下发《中共中央关于加强和改进思想政治工作的若干意见》,指出新形势下思想政治工作要以科学的理论武装人,以正确的舆论引导人,以高尚的精神塑造人,以优秀的作品鼓舞人,培育有理想、有道德、有文化、有纪律的公民,红色精神的丰富内涵对于引导大学生树立中国特色社会主义共同理想,树立正确的世界观、人生观、价值观具有积极作用。

四、红色精神教育助力全球化时代大学生综合素养提升

改革开放40多年来,我国高等教育得到飞速发展,"1978年我国高等学校仅有598所,在校本、专科学生共计85.6万人,研究生10934人;到2000年我国普通高校增加到1041所,2004年增加到1731所,到2006年年底我国普通高等学校和成人高校共有2311所,其中普通高校1867所,成人高等学校444所,在校本、专科学生规模达到2500万人,研究生11.6万人"③,大学生整体规模在迅速提升,到2007年高校在校生总规模已超过2700万,毛入学率达23%。④到2017年我国高等教育进入大众化发展阶段,大学生思想政治教育的覆盖面扩大,大学生思想政治教育呈现新的特征,"伴随着我国高等教育进入大众化时代,当代大学生群体的内部结构、组织形式和就业方式等发生了深刻的变化,呈现出鲜明的独立性、选择性、多变性和差异性等特征"⑤。差异化的学生群体更需要差异化的思想政治教育,大学生思想政治教育的目标从单纯关注大学生的政治信念,转变为关注大学生的全面发展。红色精神阐发的革命、奉献精神,以一个又一个生动故事予以展现,增强大学生个体对中国特色社会主义共同理想的体认,推动大学

---

① 孙其昂:《思想政治教育现代转型研究》,学习出版社2015年版,第290页。
② 冉琴:《红色精神涵养社会主义核心价值观的方法论原则》,《毛泽东思想研究》2017年第5期,第111页。
③ 教育部:《2006年全国教育事业统计公报》,2007年3月10日,http://www.cqjy.com/xxck/ShowArticle/asp?Article=1750;杨晓慧:《当代大学生成长规律研究》,人民出版社2010年版,第8页。
④ 韩景阳主编:《高校党的建设研究》,中国人民大学出版社2009年版,第127页。
⑤ 杨晓慧:《当代大学生成长规律研究》,人民出版社2010年版,第8页。

生的全面发展。2017年党的十九大召开开启了新的历史航程。中国特色社会主义进入新时代，新时代大学生思想政治教育作为一种现实的活动得以进一步发展，新时代大学生思想政治教育为保障社会主义经济建设的顺利进行，促使大学生综合素质的提高发挥着积极作用，在"人们思想活动的独立性、选择性、多变性和差异性日益增强"的情况下，新时代需要培养大学生增强"自强意识、创新意识、成才意识、创业意识"。丰富大学生思想政治教育内容，加强大学生的理想信念，加强大学生的全面发展"以理想信念教育为核心，深入进行树立正确的世界观、人生观和价值观教育。要坚持不懈地用马克思列宁主义、毛泽东思想、邓小平理论和'三个代表'重要思想武装大学生，深入开展党的基本理论、基本路线、基本纲领和基本经验教育，开展中共革命、建设和改革开放的历史教育，认识自己的社会责任，确立在中共共产党领导下走中国特色社会主义道路、实现中华民族伟大复兴的共同理想和坚定信念。同时，要积极引导大学生不断追求更高的目标，使他们中的先进分子树立共产主义的远大理想，确立马克思主义的坚定信念"①。

红色精神是大力开展爱国主义教育的重要素材，助力当代大学生弘扬民族精神和时代精神，"以爱国主义教育为重点，深入进行弘扬和培育民族精神教育。深入开展中华民族优良传统和中国革命传统教育，开展各民族平等团结教育，培养团结统一、爱好和平、勤劳勇敢、自强不息的精神，树立民族自尊心、自信心和自豪感。要把民族精神教育与以改革创新为核心的时代精神教育结合起来，引导大学生在中国特色社会主义事业的伟大实践中，在时代和社会的发展进步中汲取营养，培养爱国情怀、改革精神和创新能力，始终保持艰苦奋斗的作风和昂扬向上的精神状态"②。大力开展公民道德教育，发挥红色精神的育人功能，培养当代大学生成为有道德的公民，"以基本道德规范为基础，深入进行公民道德教育。要认真贯彻《公民道德建设实施纲要》，以为人民服务为核心，以集体主义为原则，以诚实守信为重点，广泛开展社会公德、职业道德和家庭美德教育，引导大学生自觉遵守爱国守法、明礼诚信、团结友善、勤俭自强、敬业奉献的基本道德规范。坚持知行统一，积极开展道德实践活动，把道德实践活动融入大学生学习生活之中。修订完善大学生行为准则，引导大学生从身边的事情做起，从具体的事情做起，着力培养良好的道德品质和文明行为"③。

红色精神教育助力学生全面发展的培养目标，红色精神教育能激发大学生的

---

① 教育部思想政治工作司组编：《加强和改进大学生思想政治教育重要文献选编（1978—2014）》，知识产权出版社2015年版，第266页。
② 教育部思想政治工作司组编：《加强和改进大学生思想政治教育重要文献选编（1978—2014）》，知识产权出版社2015年版，第266页。
③ 教育部思想政治工作司组编：《加强和改进大学生思想政治教育重要文献选编（1978—2014）》，知识产权出版社2015年版，第266页。

集体主义精神，培养高尚的道德素质，致力于成为"四有"新人，"以大学生全面发展为目标，深入进行素质教育。加强民主法制教育，加强遵纪守法观念。加强人文素质和科学精神教育，加强集体主义和团结合作精神教育，促进大学生思想道德素质、科学文化素质和健康素质协调机制，引导大学生勤于学习、善于创造、甘于奉献，成为有理想、有道德、有文化、有纪律的社会主义新人"①。加强红色精神教育，加大意识形态工作的力度，"落实意识形态工作责任制，加强阵地建设和管理，注意区分政治原则问题、思想认识问题、学术观点问题，旗帜鲜明反对和抵制各种错误观点"②。

红色精神教育使全球化时代的当代大学生有强明晰的目标，坚定大学生的共产主义远大理想，强化大学生为实现中华民族伟大复兴中国梦的坚定信念，2013年教育部发布的《关于在"五四"期间深入开展中国梦宣传教育活动的通知》指出："着力引导师生深刻领会中国梦的精神实质。中国梦视野宽广、内涵丰富，升华了我们党的执政理念，是当今中国的高昂旋律和精神旗帜。要引导师生学习领会中国梦的精神实质，把握好国家富强、民族振兴、人民幸福的基本内涵，把握好坚持中国道路、弘扬中国精神、凝聚中国力量的重要遵循，把握好中国梦是人民的梦这一本质属性，进一步坚定自信、增强自觉、实现自强，努力为建设强盛中国、文明中国、和谐中国、美丽中国作贡献。要引导师生深刻认识奋斗是成就事业的基石，唯有奋斗才能踏进梦想之门，把实现中国梦的满腔热情转化为刻苦学习、勤奋工作、报效祖国的实际行动，心往一块想、劲往一处使，汇聚起实现中国梦的强大力量。"③

全球化对当代大学生全面发展提出了更高的要求，全球经济一体化的深入发展，使当代大学生具有更广阔的国际视野和更为开放的心态，具有更强的创新能力，具有适应新时代对外交往的综合素质。全球化背景下，红色精神教育能强化大学生思想政治教育的政治性、时代性，增强当代大学生接受思想政治教育的主观能动性，"在接受、实践思想政治教育内容的过程中，教育对象则以主体的身份出现，他自觉能动地以主体的视角体察教育者的教育活动及其所表达的意义，以自己的认知图式诠释、选择、内化教育者所传递的思想政治教育内容，并通过自己的实际活动来实践思想政治教育内容所具有的行为指令意义"④。在全球经济一体化背景下，红色精神教育丰富了大学生理想信念教育的内容，使当代大学生

---

① 教育部思想政治工作司组编：《加强和改进大学生思想政治教育重要文献选编（1978—2014）》，知识产权出版社 2015 年版，第 266 页。

② 习近平：《决胜全面建成小康社会 夺取新时代中国特色社会主义伟大胜利——在中国共产党第十九次全国代表大会上的报告》，人民出版社 2017 年版，第 42 页。

③ 教育部思想政治工作司组编：《加强和改进大学生思想政治教育重要文献选编（1978—2014）》，知识产权出版社 2015 年版，第 590 页。

④ 沈壮海：《思想政治教育有效性研究》，武汉大学出版社 2011 年版，第 71 页。

正确认识中国革命、建设和改革中所取得的成就，了解中国革命和建设的历史背景，有效体认自身肩负的时代使命，提升自身综合素质，做一个坚定的马克思主义者，并在对外交流中能够讲好中国故事、发出中国声音。

新媒体的兴起改变了大学生接收信息的方式，在知识爆炸的时代，大学生更加需要生动形象的教育形式，加强思想政治教育优化红色精神的展现方式，不仅能够丰富思想政治教育的内涵，也能符合当代大学生的接受习惯，使他们欣然接受，并升华自身认识。红色精神有生动的人物事迹支撑其丰富内涵，如大庆精神与铁人王进喜、"两弹一星"精神与邓稼先的感人事迹等，在新时代仍闪耀着光芒。红色精神故事的广泛传播能激发社会正能量，清华学子梁植在《超级演说家》中曾以"我的偶像"为题生动演绎了"两弹一星"元勋邓稼先的感人故事，他的演讲受到评委和观众的好评，随后梁植成为炙手可热的网红，梁植的走红首先应该归因于邓稼先事迹本身，他献身于中国核武器研究的事迹，激励着当代青年，促使更多的年轻人认识到红色精神的价值。在新媒体背景下，要研发适当的传播方式，激发大学生创新潜能，适应新时代创新经济发展的需要，弘扬社会主旋律。

发挥红色精神育人功能，坚持全面育人的理念，需要借助系统的教育的方法和适当的途径，不断提升大学生思想政治教育的效果，加强思想政治教育方法的系统性。

后　记

　　中国特色社会主义进入新时代，习近平同志对大学生思想政治教育表示出高度的重视，而新时代的各种因素变化，对大学生思想政治教育也提出了新的要求。有效提升新时代大学生思想政治教育需要红色精神的引领，我和我的博士研究生对其进行了研究与讨论，分别就红色精神的内涵、红色精神丰富大学生思想政治教育的内容、红色精神优化思想政治教育方法、红色精神拓宽思想政治教育路径等几个方面分析了红色精神与大学生思想政治教育的相互关系，作为我的团队关注的课题，三个参与本书撰写的博士生都有从事思想政治教育工作的经历，其中王宁和葛畅工作在大学生思想政治教育工作的一线，许倩也有多年思想政治教育的工作经历，她们撰写的部分很多是对实际工作的思考和研究的结果，其中不乏一些独特的经验总结。

　　全书分工情况：薛念文负责第一章、第二章、第四章和结论内容的撰写，许倩负责第三章内容的撰写，王宁负责第五章内容的撰写，葛畅负责第六章内容的撰写，最后薛念文对全书进行了统稿校订。鉴于本人和团队成员知识水平有限，研究内容仍多有不足，恳请各位同仁多提宝贵意见，为我们后面进一步修订提供借鉴。

　　感谢河北师范大学西柏坡研究中心主任姚志军教授、上海师范大学石书臣教授等提出的宝贵意见。